LUCÍA **TEROL**

esencia minimalista

Consigue una vida sencillamente plena

Primera edición: marzo de 2020

Diseño de cubierta: Taller de los Libros

Publicado por Kitsune Books
C/ Aragó, n.° 287, 2.° 1.ª
08009, Barcelona
www.kitsunebook.org

ISBN: 978-84-16788-39-2
THEMA: VXA 6MF
Depósito Legal: B 810-2020
Preimpresión: Taller de los Libros
Impresión y encuadernación: Black Print
Impreso en España – *Printed in Spain*

A todos los ángeles que han hecho posible
que este libro esté ahora en tus manos y
especialmente a mi madre por ser

Este libro está diseñado para que te acompañe en tu camino mientras te aporte valor y para que lo dejes ir cuando ya no lo haga.

Si ese momento llega, te invito a regalar aquella ruta que más te haya inspirado a la próxima persona que leerá su contenido.

Me gustaría dedicarte la ruta .... para que
....
....
....
....

Si el libro es regalado más de una vez y la ruta no coincide, puedes dejar la tuya aquí.

Me gustaría dedicarte la ruta .... para que
....
....
....
....
....

Índice

I

La vida es una suma de historias con moraleja

Cuenta la leyenda que un viejo profesor quiso sorprender a los asistentes a su clase. Sacó de debajo del escritorio un tarro grande de boca ancha. Lo colocó sobre la mesa, junto a una bandeja con piedras del tamaño de su puño, y preguntó:

—¿Cuántas piedras creen que caben en este tarro?

Después de que el alumnado hiciera sus conjeturas, empezó a meter piedras hasta que lo llenó.

Luego preguntó:

—¿Está lleno?

Todo el mundo lo miró y asintió. Entonces, sacó del mismo lugar un cubo con gravilla. Dejó caer parte de la gravilla en el tarro y lo agitó. Las piedrecillas penetraron entre los espacios que dejaban las piedras más grandes.

El profesor sonrió con ironía y repitió:

—¿Está lleno?

Esta vez los asistentes dudaron:

—Tal vez no.

—¡Bien! —Y puso sobre la mesa un cubo con arena que también volcó en el tarro.

La arena se filtró por los pequeños recovecos que quedaban entre las piedras y la gravilla.

—¿Está lleno? —preguntó de nuevo.

—¡No! —exclamaron.

—Bien —dijo, y cogió una jarra de agua de un litro que vertió en el frasco—. Lo que esta lección nos enseña es que, si no colocas las piedras grandes primero, no podrás colocarlas después.

¿Cuáles son las piedras grandes en tu vida? ¿Tu familia? ¿Tus amistades? ¿Tus sueños? ¿Tu trabajo? ¿Tu salud? ¿El dinero? La elección es tuya. Una vez lo hayas decidido, pon esas piedras primero. El resto encontrará su lugar.

II

¿Cómo hemos llegado hasta aquí?

La pregunta es tanto para ti como para mí, porque nada ocurre por casualidad.

Reflexiono.

Respiro.

Este libro se crea a lo largo de un camino de búsqueda que me ha llevado por distintos países, empezando por Italia, gracias al programa Erasmus. De ahí a Brasil, donde iba a pasar cuatro meses para estudiar a Paulo Freire, pero acabé ampliando mi estancia para hacer un viaje por Sudamérica: Bolivia, Perú, Ecuador, Colombia y Venezuela. La vuelta a Brasil la hice en barco, navegando por el río Amazonas.

La selva amazónica.

Sí. Si tuviera que decidir, sé que todo se fraguó el 3 julio de 2009 en aquella selva. Tuve el privilegio de participar en un ritual, y algo allí me cambió. De repente, me di cuenta de que la vida, tal y como la conocía, no tenía sentido para mí. Estaba en fase de cierre. En unos meses volvería a España con la segunda carrera casi acabada. Aunque sin una ruta clara más allá de saber que el camino más transitado, para mí, carecía de todo sentido. Por inercia, me embarqué en un máster sobre cooperación internacional con la intención de «ayudar» y «viajar», mis dos pasiones. Pero había algo en el concepto de «ayudar» que no encajaba: ¿qué se esconde detrás de esa palabra? Una estancia en la capital de Bangladesh fue suficiente para darme cuenta de que ese tampoco era mi camino.

De ahí me trasladé al cambio local, traducido en educación para el desarrollo en mi propio país de origen. Pero la mochila me llamaba cada vez que intentaba asentarme en algún lugar. Dos certezas me movían:

- Tenía lo que creía que necesitaba y no me satisfacía: una formación universitaria completa y un trabajo estable que no me llenaban.
- Necesitaba encontrar qué daba sentido a mi vida.

Así, dejé mi trabajo y emprendí un viaje por Tailandia, Nueva Zelanda y Australia con el propósito de encontrar mi pasión. Y no, debo confesar que no la encontré, pero, aunque no hallé la respuesta exacta, descubrí la senda.

A partir de ese momento, dejé de buscar fuera e inicié un proceso de autodescubrimiento.

Un día en que leí sobre minimalismo vi la luz: «Llevo una vida minimalista». Las distintas experiencias, sobre todo los viajes, me han llevado a identificar y vivir con lo esencial a distintos niveles.

Respiro de nuevo.

Respira de nuevo.

Esta es la edición revisada y mejorada de *Esencia minimalista*. Han cambiado tantas cosas que lo cierto es que tengo dudas de si hablamos del mismo libro.

Dicen que nunca te puedes bañar dos veces en el mismo río, y creo que con las personas pasa un poco lo mismo: aunque conservamos el nombre, lo cierto es que somos seres en constante evolución.

No soy la misma persona que escribió este libro hace tres años y, desde luego, aunque hay muchas cosas que se asemejan, hay otras que en este tiempo han cambiado.

Viajes, experiencias, formaciones, vivencias... y, sobre todo, he sido madre. El mayor bofetón cósmico de mi vida.

Hasta ahora el minimalismo había sido para mí una elección personal. Ahora, es una necesidad.

Mis ojos están llenos de lágrimas mientras escribo estas palabras. De corazón espero que disfrutes de este texto y de esta aventura hacia tu esencia minimalista.

Esencia minimalista consta de cinco partes que crean una visión completa.

- Primera parte: la visión.
- Segunda parte: el verbo tener.
- Tercera parte: el verbo hacer.
- Cuarta parte: el verbo ser.
- Quinta parte: la despedida.

Al final de cada uno de los verbos encuentras un plan de acción concreto para aplicar lo visto en las distintas rutas.

Este libro es una peregrinación. Un camino en el que confío que puedas identificar y priorizar aquello que te aporta valor y dejes ir lo que no.

Un proceso de autodescubrimiento cuyo destino es tu esencia minimalista.

Primera parte:

La visión

1

¿Qué es el minimalismo?

Según la Real Academia Española: «Corriente artística que utiliza elementos mínimos y básicos, como colores puros, formas geométricas simples, tejidos naturales, lenguaje sencillo, etc.».

¿Qué te viene a la mente cuando piensas en minimalismo?

Es fácil que acuda a ti alguna de estas imágenes:

- Decoración de interiores con pocos objetos y una estética con una base de color claro, preferiblemente blanco.
- Un monje con la cabeza rapada que vive aislado en un monasterio en la montaña, sin apenas pertenencias.
- Una persona que corre maratones sin zapatos.

Estas son algunas de las recetas del minimalismo, pero lo cierto es que hay tantas opciones como personas.

Mi intención no es que te adscribas a ninguna religión o que cambies tus muebles. Porque, aunque yo sí me rapé la cabeza, ya llegaremos a ello más adelante, lo cierto es que no visto de naranja y, aunque la mayoría de mis muebles son de color blanco, es más por una pasión por la luz que por el minimalismo.

El minimalismo es el camino a Roma.

¿Cómo?

A Roma, sí, no es una errata.

Todos los caminos conducen a Roma, y Roma leído al revés es amor.

El minimalismo no es el fin en sí mismo, simplemente es el camino hacia una vida con sentido para las personas y para el planeta, a través del amor.

Al hablar de minimalismo, siempre hay un denominador común: la vida con menos cosas materiales, pero lo cierto es que esta no es la única variable de la ecuación. Desde mi punto de vista ni siquiera es la más importante.

El minimalismo no es simplificar tu vida reduciendo tus pertenencias con el objetivo de «no tener», sino con el objetivo de invertir. Sí, invertir el tiempo y la energía en lo que de verdad importa.

Cuando eliminas lo que no sirve de tu vida, de tu casa o incluso de tu escritorio, dejas espacio para que lleguen cosas nuevas, pero, sobre todo, te das libertad:

- Libertad de elección.
- Libertad de acción.
- Libertad de movimiento.

Porque no es cuestión de cuánto eliminas, sino de para qué dejas espacio en tu vida. No consiste en tener el mínimo número de objetos o de relaciones, sino en que te quedes con aquello que de verdad aporte valor a tu vida.

La clave está en identificar cuáles son tus piedras grandes y ponerlas en primer lugar en tu tarro, es decir, en tu vida.

En el libro *Everything That Remains,* de Joshua Fields Millburn y Ryan Nicodemus, los autores nos cuentan la anécdota del pequeño Andrew.

El día de Navidad, Andrew abre sus regalos. Empieza por uno de ellos y, tras unos momentos de gran emoción, lo deja para continuar con otro paquete. Cada caja contiene un nuevo juguete y la misma situación se repite de forma similar. Esa gran emoción se desvanece poco después.

Horas más tarde, Andrew llora desesperado. Aunque ha recibido muchos de los juguetes de su carta, la verdad es que él quería el juego que tienen sus amigos, o ese muñeco que deseaba a escondidas. Los juguetes que tiene delante le recuerdan los que no tiene. Este comportamiento parece infantil, pero tal y como el autor lo plantea, ¿acaso los adultos no hacemos lo mismo? Miramos las cosas que tenemos, pero no las valoramos porque deseamos tener otras o, simplemente, más.

Confundimos placer con felicidad. ¿Cuál es la diferencia? El placer es una sensación pasajera, provocada por un hecho externo que nos produce un sentimiento agradable. En algunos casos, puede llevar incluso a la euforia y siempre viene inducida por un juicio en el que una determinada situación se interpreta como buena. La felicidad, en cambio, es un estado que trasciende a una emoción y está vinculada a una sensación de autorrealización y plenitud, tiene un carácter duradero y, en este caso, el foco está en tu interior.

Entonces, para llevar una vida minimalista, ¿no tengo que deshacerme de objetos?

Claro que te deshaces de objetos, pero no porque sí, sino porque dejas ir lo que identificas que no te aporta valor. Eliminas a los parásitos que nos absorben la energía y nos venden dosis de placer de mala calidad, que nos llenan los armarios y, a la larga, nos hacen sentir personas vacías.

La esencia minimalista es:

- Intencional, está marcada por el propósito, la intención y la claridad.
- Libertad.
- Lo que te hace salir de la rueda automática del deseo externamente inculcado.
- Lo que te aleja de la compra compulsiva como una distracción para no reflexionar sobre lo que realmente ocurre en tu interior.
- Lo que nos hace desacelerar y salir del frenesí de la vida moderna, nos aleja del ocio vinculado al consumo y nos acerca a un ocio que fomenta nuestro desarrollo personal.
- Lo que nos aleja de la imagen que los demás esperan que tengamos y nos acerca a nuestra verdadera esencia.

La esencia minimalista es una revolución desde el amor por el planeta y el amor hacia nosotros mismos.

No gana quien tenga menos, no es una carrera por el sacrificio, es una apuesta por el sentido.

Desde esta perspectiva, el objetivo es principalmente egoísta, para que recuperes tu tiempo y tu vida y te dediques a aquello que es realmente importante para ti.

¿Sabes qué es lo curioso?

Que cuanto más te centres en ti, desde la perspectiva de tener una vida con sentido, mejores decisiones tomarás con relación a las personas que te rodean y al planeta.

Pero a eso ya llegaremos.

2

¿Tenemos demasiadas cosas? ¿Nos poseen nuestras posesiones?

Nuestra cultura está orientada al consumo desenfrenado. No solo de cosas, sino también de tareas, actividades e información.

Se calcula que el habitante de una ciudad recibe alrededor de 100 000 estímulos informativos cada día.

Personalmente, cambio de país con cierta frecuencia y, cuando llego a una nueva ciudad, sé que necesito un mínimo de objetos para vivir. Pero es tan difícil mantener el equilibrio en este sentido... Así, de repente, me vi en medio de un traslado con una cuestión en mente: «¿De dónde han salido estas cosas? ¿De verdad las necesito?».

Aunque a nivel teórico ya sabía que los objetos no dan la felicidad, para mí esta cuestión ha sido la clave de mi acercamiento a un modo de vida mucho más simple. ¿Cómo es posible que haya acumulado tantos objetos, actividades y relaciones de forma inconsciente?

Claves minimalistas

No confundir objetos con amor

Que tengas esa figurita de la comunión de tu prima no quiere decir que la quieras más. De hecho, probablemente ella ni siquiera sea consciente de ello. Lo cierto es que los recuerdos se llevan en el corazón y normalmente no vienen de la mano de objetos, sino de los momentos compartidos con esa persona.

Se dice que san Francisco de Asís señaló al final de su vida: «Cada vez necesito menos cosas y, las pocas que necesito, las necesito muy poco».

Ordenar no es simplificar

Aunque cambies las cosas de lugar, siguen estando ahí. De hecho, todas las cosas que usamos suelen estar en lugares de fácil acceso. Así, una forma de empezar a identificar lo que «no necesitas» es observar el fondo de los cajones.

No valen los «Ahora no puedo, pero en "x" tiempo...»

Si no te has puesto ese vestido en un año porque no te favorece, déjalo ir. Si no has llegado a leer ese libro desde que lo compraste, por muy interesante que parezca, tienes tres opciones: empezar a leerlo en ese momento o, «si no tienes tiempo», lo que significa que tus prioridades son otras, regalárselo a alguien o donarlo. Siempre podrás pedirlo prestado o buscarlo en una biblioteca cuando sea el momento justo, si es que alguna vez llega.

No eres lo que tienes, ni eres lo que haces

Personalmente, me gusta mucho esta metáfora: «Si continúas cavando agujeros nuevos, nunca encontrarás el agua».

Un curso de yoga, un curso de meditación de este tipo, un curso de cocina de aquel otro... Como bien dice el refrán: «Aprendiz de mucho, maestro de nada».

En general, las personas estamos tan ocupadas buscando la felicidad que no tenemos tiempo para ser felices.

Y como ya sabrás: realizar más actividades y tener más objetos no están vinculados a una mayor productividad ni a obtener mejores resultados.

No es solo lo que ya tengo

No, eso tan solo es la punta del iceberg. Lo realmente importante es qué dejo entrar en mi vida.

La vida es priorizar y cada elección lleva un rechazo consigo. Minimizar es aprender a elegir qué o quién quiero que venga conmigo.

La próxima vez que te plantees comprar un objeto, hacer una actividad o empezar una relación hazte una pregunta: ¿de verdad quiero invertir energía aquí? ¿Le da valor a mi vida?

3

¿Quién puede ser minimalista?

No hay un perfil concreto para una persona minimalista. Un chico de treinta años minimalista que viaja por el mundo, como Colin,* es muy diferente de un padre minimalista que tiene seis hijos, como Leo.† Y, aunque cada uno se acerca al minimalismo de forma distinta, lo cierto es que tienen algunos puntos en común. Son personas que identifican qué aporta valor a sus vidas, lo priorizan y dejan ir lo que no, para tener más tiempo, más dinero, más libertad y dar más sentido a su vida.

El minimalismo no obliga a vestir de una forma determinada, porque no va asociado a una profesión o a un nivel adquisitivo concretos, sino que es una filosofía de vida, una forma de moverse y relacionarse con el mundo.

En uno de mis viajes, estando en Nueva Zelanda, me alojé en casa de Camille, una mujer de unos ochenta años, originaria de Escocia, que llevaba más de cinco décadas residiendo allí. Me confesó que una de sus me-

* http://www.exilelifestyle.com

† http://www.zenhabits.net

jores amigas había fallecido y que la familia se había desprendido de todos sus objetos a través de una empresa dedicada a vaciar casas. Mientras me contaba esto, miraba a su alrededor y no pudo ocultar un dejo de reflexión en su voz porque intuía que algo así le podía ocurrir a ella, aunque rápidamente cambió su energía y su entonación. Con una sonrisa en el rostro me explicó que había empezado a donar parte de sus pertenencias a las personas que se interesaran por ellas.

Se había dado cuenta de que a lo largo de su vida había acumulado una cantidad ingente de objetos, que no la identificaban y que, cuando llegara el momento de abandonar este mundo, no solo no la iban a acompañar, sino que serían un estorbo para quienes se quedaran.

Si alguien me preguntara si creo que Camille es minimalista, yo diría que sí. Había conectado con la filosofía minimalista, con la libertad y la capacidad de «dejar ir». Desprendiéndose de forma natural, sin identificarse y sin apego por sus objetos. Había cambiado su forma de relacionarse con el mundo, con los objetos, con las personas y con su propia vida.

Recuerda: no eres lo que tienes, no eres tu profesión, ni tus relaciones.

Por supuesto, esto no quiere decir que tengas que sentirte culpable por tener posesiones; al contrario. Significa que eres libre porque tu felicidad no depende de ellas.

4

¿Qué beneficios te traerá llevar un estilo de vida minimalista?

Este es el «para qué» de profundizar en el camino:

- Recuperas tu energía.
- Tomas decisiones con más sentido.
- Tienes menos estrés.
- Sientes una mayor libertad.
- Recuperas tu espacio.
- Recuperas tu agenda.
- Aumenta tu paz mental.

Podría redactar una lista interminable de aspectos que pueden variar de una persona a otra.

Pero lo más importante es que dejas de valorarte por lo que tienes o por lo que haces y pasas a valorarte por lo que de verdad eres.

5

¿Por qué deberías dar el salto al minimalismo?

Porque cuando crees que no tienes nada, descubres que ya lo tienes todo.

En mi caso, el minimalismo está relacionado con la búsqueda de la felicidad.

El concepto de felicidad siempre me ha interesado. He estudiado y leído mucho al respecto: el índice de felicidad por países, los factores que afectan a la felicidad, las características de las personas felices... Con el tiempo, me concienció de que dentro de mí había una profunda confusión conceptual, pero eso no lo aprendí a nivel teórico, tuve que vivirlo.

Después de haber participado en los cursos de Lectura de Aura y de haber aprendido una técnica que cambió mi vida al mostrarme mi pasión y mi don, decidí hacer un retiro de veintiún días dirigido por mi profesora de aura.

Pasé esas tres semanas en una cabaña en mitad de la naturaleza en una comunidad en Brasil. Durante ese tiempo mis consignas eran: silencio, soledad, ayuno y ninguna distracción. En mi vida ya había hecho otros retiros como Vipassana, retiros de yoga y/o ayunos, pero en todos ellos siempre tenía algo que hacer, un horario que seguir o una técnica concreta que aprender.

A lo largo de esos veintiún días mi labor diaria consistía en estar conmigo misma sin ningún tipo de distracción ni de horario. Antes de empezar el retiro, me di cuenta de que tenía miedo. Creía que no sería capaz de estar conmigo misma sin volverme loca. Ahí observé que había pasado toda mi vida evitando encontrarme, distrayéndome de diversas formas, incluso con la alimentación.

Durante el proceso, me encontraba con la guía espiritual una vez al día y tenía un tiempo limitado para hablar con ella, unos cinco minutos. Los primeros días llegaba con una lista de cosas que quería compartir. No te puedes imaginar lo que se puede llegar a pensar en veinticuatro horas cuando no tienes nada que hacer. Uno de esos días, recuerdo que la lista incluía: dos sueños muy intensos, una moneda que había encontrado en el suelo y que interpreté como una señal, mi relación de pareja, el amanecer, las horas de sueño, sentimientos intensos y contrapuestos que llegaban a mí, recuerdos de mi infancia… y eso era después de haberla simplificado para identificar lo «imprescindible».

Estas conversaciones, a mi juicio, no siempre eran tan fructíferas como yo deseaba. En algunos casos, no encontraba la apreciación, o incluso el reconocimiento por parte de mi interlocutora, con relación a la magnitud e importancia de los hechos que le narraba. Al cabo de unos días descubrí el porqué.

Con el paso de las semanas, mi mente se fue tranquilizando y, a su vez, también mi diálogo interno. Al mismo tiempo, el contacto con mi entorno más cercano y la naturaleza que me rodeaba adquirió una nueva dimensión.

El tiempo pasó entre descubrimientos sencillos y profundos.

Uno de los últimos días, cuando llegué al encuentro con la guía, me preguntó:

—¿Cómo estás Lucía?

—Bien —respondí.

—¿Tienes algo que compartir?

—No, estoy bien.

Ella sonrió y yo lo comprendí.

Todo es relativo.

Porque cuando te deshaces de todo, comprendes que no necesitas nada, ni a nadie. Ese día, en ese instante, fui consciente de la importancia del minimalismo. Porque dentro de todas las personas (dentro de ti y de mí) existe la capacidad de conectar con esa felicidad que ya está ahí, porque forma parte de nuestra esencia. Una felicidad que no es alegría, sino paz interior.

Esta paz solo depende de ti. Y esta certeza libera, te libera a ti y libera a las demás personas, porque nadie puede hacer feliz a nadie.

Pero no, no creo que sea necesario irse a una cabaña en mitad de la nada en una zona tropical para darse cuenta de ello. Por eso he escrito este libro, para que a través de estas veintiuna rutas puedas adentrarte en este concepto a través de esa profundidad que amplía la perspectiva desde la que puedes elevarte y ver las piedras que dan sentido a tu camino.

Te agradezco que hayas llegado hasta aquí.

6

Confesiones e intenciones

«Cuando lean, no solo consideren lo que el autor piensa, consideren lo que ustedes piensan. Deben buscar su propia voz. Cuanto más esperen para empezar, menos posibilidades tienen de encontrarla. Thoreau dice que la mayoría de los hombres viven en desesperación silenciosa. No se resignen a eso. Libérense…».

El club de los poetas muertos

Confieso que no soy una experta en todas las rutas.

Cuando, a través de una vida seminómada, creí que había conseguido identificar lo importante a nivel material, la vida me demostró que todavía me quedaba camino.

Descubrí que seguía acumulando en mi agenda unos compromisos que resultaban excesivos para las limitadas horas del día.

Cuando logré identificar lo esencial desde esta perspectiva, la vida me demostró que todavía me quedaba camino.

Descubrí que a nivel interno había una mezcla de pensamientos y emociones que se acumulaban en mi interior y me dificultaban el día a día.

Cuando identifiqué las pautas para volver a la esencia, la vida me demostró que todavía me quedaba camino.

Descubrí que había matices que no había tenido en cuenta desde la parte material y, así, comprendí que no había un destino al que llegar.

Hace poco falleció una persona que había sido mi mentor en un club al que pertenezco. La siguiente reunión la presenté yo y fue muy emocional. Abrí con estas palabras de Antonio Machado:

> «Caminante, son tus huellas el camino y nada más;
> Caminante, no hay camino, se hace camino al andar».

Estas son las mismas palabras que me gustaría usar para empezar este texto.

Esencia minimalista no pretende que reduzcas tus posesiones o tus quehaceres, ni siquiera tus pensamientos a un número concreto, lo que intenta es que puedas, a través de estas veintiuna rutas, identificar cuál es tu esencia para:

- Tener con más sentido.
- Hacer con más sentido.

Porque:

- No eres lo que tienes.
- No eres lo que haces.
- Eres lo que eres.

7

Tests de inicio

¿Cómo saber si eres minimalista?

¿Cómo sabes si alguien es alto o bajo? Por los centímetros que mide.

¿Cómo sabes si alguien es minimalista o no? Por el tipo de decisiones que toma.

No es cuestión de la cantidad de objetos, del color de la ropa o incluso de las actividades del día a día. Lo que determina el minimalismo son las decisiones conscientes que tomamos.

Sales de trabajar después de un día estresado y te vas de compras para sentirte mejor: no minimalista.

Sales de trabajar después de un día estresado y llamas a alguien que te aporta valor: minimalista.

Te sientes mal por algo que ha pasado y enciendes el televisor para pensar en otra cosa: no minimalista.

Enciendes el televisor porque hay un programa que te interesa ver: minimalista.

Te proponen un proyecto nuevo y lo aceptas sin mirar la agenda a sabiendas de que tienes algunos compromisos más: no minimalista.

Te proponen un proyecto nuevo y aplazas la decisión hasta que mires la agenda y revises las prioridades: minimalista.

Tu casa está llena de cosas y se desordena con facilidad: no minimalista.

Tu casa tiene las cosas que te aportan valor y, aunque se desordena, es fácil de ordenar: minimalista.

Pasas más tiempo del que te gustaría en las redes sociales: no minimalista.

Has identificado qué redes sociales te aportan valor y haces un uso consciente de las mismas: minimalista.

Vistes de blanco porque se supone que para ser minimalista hay que vestir de ese color: no minimalista.

Vistes con los colores con los que te sientes bien: minimalista.

Tu pelo hoy está rebelde y no se queda como a ti te gustaría. Esto afecta a tu estado de ánimo y hace que tengas un mal día: no minimalista.

Tu pelo hoy está rebelde, haces lo que puedes por cambiarlo y, si no puedes, simplemente lo aceptas: minimalista.

¿Cómo saber si este libro es para ti?

¿Eres realmente feliz?

Al acabar el mes, ¿te sorprendes por haber gastado más de lo que creías?

¿Tienes el armario lleno de ropa, pero no sabes qué ponerte?

¿Llegas agotado/a al final del día?

¿Evitas estar a solas contigo mismo/a sin hacer nada?

¿Necesitas días de al menos treinta horas?

Si has contestado que sí a una o más preguntas, siento que este libro puede aportar valor a tu vida.

Al final, tener o hacer cosas en exceso no es más que un reflejo del exceso interior y de una creencia que vamos a desterrar a medida que leamos este libro: no soy suficiente.

Empezamos.

¿Me das la mano?

Lo sé, no estoy físicamente a tu lado, pero te juro que he escrito este libro para ti y para mí.

¿Me acompañas en esta aventura?

Segunda parte:

El verbo tener

Yo tengo
Tú tienes
Él o ella tiene
Nosotros o nosotras tenemos
Vosotros o vosotras tenéis
Ellos o ellas tienen

«Si con todo lo que tienes no eres feliz,
con lo que te falta tampoco lo serás».
Erich Fromm

Ruta 1

No eres tus cosas

«Las cosas importantes de la vida no son cosas».

Cuando empecé el proceso de revisión de mi vida, tenía el objetivo de quedarme solo con aquellas cosas esenciales. Lo que ocurría es que creía que lo esencial tan solo era aquello que necesitaba desde una visión utilitaria.

Las preguntas principales que guiaban mi camino eran:

¿Lo necesito?

¿Lo he usado en los últimos tres meses?

¿Lo volveré a usar?

Desde ahí, hubo decisiones que fueron fáciles de tomar, pero otras no lo fueron.

Ese sari que, aunque no había tenido una utilidad concreta en el pasado y posiblemente no la tendría en el presente más inmediato, era importante para mí y me aportaba valor.

Por aquel entonces, también empecé con los acompañamientos personales en las casas: personas que me pedían que les ayudase a organizar su espacio, lo que implicaba decidir qué se quedaba y qué se iba en sus hogares.

Entonces, empecé a ver la respuesta a mis preguntas personales reflejada en las vidas de otras personas.

Maite es una mujer mayor que había perdido a su marido hacía años y que se encontraba en una casa demasiado llena, de la que huía siempre que podía.

El primer lugar al que me llevó fue a una habitación llena de papeles, «mi punto candente», me dijo.

Por entonces, yo ya le había explicado que, aunque hablamos del desorden en las casas a título general con frases como:

- Mi casa es un caos.
- Mi casa es un desastre.

lo cierto es que esto no suele ser siempre así. Hay unos puntos, a los que he bautizado como candentes, que son espacios o categorías que generan una especial insatisfacción.

Mientras llegábamos al despacho donde Maite me enseñó pilas de papeles, me llamó la atención una habitación a la izquierda que tenía la puerta semicerrada y estaba poco iluminada.

—Era la habitación de mi hijo —indicó—. Mis hijos han viajado mucho y ahí guardo todos los recuerdos y regalos que he acumulado a lo largo de los años.

Al entrar y encender la luz, descubrí que parecía más bien un museo.

—¿Por qué guardas todos estos objetos? —le pregunté.

—Porque son objetos con un vínculo emocional. Me hacen feliz —me dijo.

—Cierra los ojos —le pedí—. ¿Cómo te sientes al estar en esta habitación?

—Es la habitación de mi hijo menor y acoge... —empezó a decir.

—Espera un momento —la interrumpí—, me estás respondiendo desde tus pensamientos. Me gustaría que me contestases desde el cuerpo.

—¿Puedo ser sincera? —dijo—. Me quita la respiración. Siento una presión incómoda en el pecho.

—¿Pasas tiempo en ella? —le pregunté.

—No, Lucía. Tiene muchas cosas, por lo que me cuesta tenerla limpia y procuro mantenerla cerrada. La verdad es que me agobia un poco.

—¿Es posible que no todos estos objetos se merezcan el calificativo de objetos con un vínculo emocional?

—Seguramente no —me confesó Maite.

Los extremos se unen. Tanto la visión de que solamente nos quedemos con aquello que necesitamos, que era mi propuesta, como la visión de que tenemos que guardar todo lo que nos hayan regalado, ambas, en el fondo, generan desarmonía, sea por exceso o por carencia.

En un caso, la creencia que hay detrás es: las cosas nos hacen infelices. Por eso, el objetivo es prescindir al máximo de todos los objetos que podamos.

En el otro caso, la creencia que hay detrás es: las cosas me hacen feliz. Por eso, el objetivo es acumular, especialmente en relación con aquellas pertenencias que creemos que validan dicha creencia.

Lo cierto es que no somos nuestros objetos y es un riesgo que nuestra felicidad dependa de ellos.

Cuando depositamos nuestra felicidad fuera de nosotros, ya sea en un objeto, en una relación, en una actividad..., de alguna forma renunciamos a nuestra capacidad de ser felices porque cedemos el poder. Renuncio a mi poder de ser feliz y se lo entrego a algo externo.

Esta, según el budismo, es la mayor causa de sufrimiento en el ser humano.

¿Qué entiendes por felicidad?

Lo que yo entiendo por felicidad es la sensación profunda que viene de dentro hacia fuera y no de fuera hacia dentro. Desde aquí, lo que hacen los objetos es inspirar esa felicidad interior; nos la recuerdan, pero no la crean.

Hace meses, Ana vio una blusa de seda en una tienda y se enamoró de ella; le encantaba. Durante todo este tiempo, ha estado ahorrando el dinero del almuerzo en una hucha con el objetivo último de comprarla.

Cuando por fin lo ha conseguido, gasta una cantidad, que *a priori* le parecía indecente, en una única blusa de seda. La compra vuelve a casa y, al día siguiente, llena de ilusión, se levanta y se pone su blusa especial. Ese día, sale con una energía diferente, empoderada, llena de luz…, esa blusa le da superpoderes, o eso cree ella.

Va al trabajo y solamente una de sus compañeras aprecia el valor de la blusa, «qué raro», se dice, «con lo bonita que es. ¿Cómo es posible que no la noten?».

A medida que pasa el día, incluso ella se olvida de que la lleva y esos superpoderes que parecía que le había concedido desaparecen.

Cuando vuelve a casa, deja la blusa de seda en el cesto con el resto de la ropa y, al día siguiente, se pone otra prenda, va al trabajo y, aunque esa prenda no es tan preciada, igualmente alguien destaca lo bien que le sienta.

Al salir del trabajo, ve unos zapatos muy bonitos que captan su atención. Enseguida siente que los quiere, los necesita.

Ana ha entrado en la carrera de la rata.

En la búsqueda incansable de una felicidad que se basa en la carencia, en la sensación de que nos falta algo externo para ser personas completas. Este proceso es infinito e insatisfactorio a la par que insaciable porque la felicidad no llega de la mano de una blusa, unos zapatos o un coche..., la felicidad viene de la sensación que nos trae reconocer que somos personas completas, más allá de lo que tenemos.

Ana, de repente, es consciente de que quizá no necesita esa blusa de seda y de que tal vez tampoco necesita esos zapatos.

Esto no impide que pueda comprar cosas, sino que influye desde dónde las compra. No las compra porque le hacen feliz, sino porque le inspiran. La energía de fondo es muy diferente. En un caso, es la de que me falta algo para ser una persona completa; en el otro, es la certeza de que soy una persona completa que elige vestirse con prendas que le inspiran y reflejan ese brillo interior.

Los superpoderes que parece tener cuando viste esa blusa no se los da la prenda, sino que ya viven en ella. Desde aquí, las compras innecesarias se reducen de forma drástica.

¿Cómo sabemos si elegimos desde la carencia o no?

Porque si elegimos desde la carencia, se genera una dependencia que puede llevar al sufrimiento. Si el día que va a comprar la blusa no tienen su talla o ya la han retirado del mercado, ella perderá su equilibrio. Si crees que te hace o te hará feliz, seguramente sea un golpe a nivel emocional que afecte a tu estado de ánimo. En cambio, si es la segunda opción, simplemente es una blusa, te puede afectar, pero es algo mucho más superficial y pasajero.

Lo que nos duele en el primer caso no es la blusa, es creer que estamos perdiendo la oportunidad de ser felices.

El cuento de la princesa

Hace años que explico un cuento con papiroflexia. Si quieres ver el vídeo, lo puedes encontrar en mi web, www.sencillezplena.com/esencia.

El cuento dice más o menos así:

Había una vez una princesa que vivía en un reino y cada noche dejaba la corona encima de la mesita.

Una mañana, al despertar, nuestra princesa no encontraba la corona por ningún lado.

Al no localizarla en el palacio, buscó por el reino e incluso llegó a salir de los confines de este, por primera vez en su vida, para buscarla más allá.

Al llegar la noche, ya en el bosque cercano y cansada de caminar, una estrella la iluminó y le indicó el camino hacia un sendero que posiblemente la llevaría hacia lo que estaba buscando.

Resumiré un poco la historia, porque también hay dragones, tiburones y piratas, para llevarte directamente a la isla.

Al llegar a la isla, nuestra princesa encontró un cofre con un tesoro. Segura de que allí dentro estaba su corona, lo abrió con prontitud, pero se llevó una tremenda sorpresa cuando, en lugar de una corona, nuestra princesa encontró un pergamino que decía así: «Princesa, la gente no os quiere por lo que tenéis; la gente os quiere por lo que sois, así que coged esta gorra y volveos a vuestra casa».

La gente no nos quiere por lo que tenemos, nos quiere por lo que somos.

No eres ni más ni menos por tener una blusa de seda; no eres ni más ni menos por tener determinados objetos.

Cuando mezclamos de forma tóxica un objeto con nuestra capacidad de ser felices, lo que suele ocurrir es que la vida, en su infinita generosidad, nos muestra ese apego antes o después para que, a través del sufrimiento, reconozca la cesión de poder que he hecho.

—Por eso no, querida Maite —le dije—, un objeto no te hace feliz. Los objetos pueden inspirar felicidad, pero esa felicidad depende de ti, no del objeto que te acompaña.

Esto nos puede pasar tanto en un sentido como en el otro.

En el sentido de acumular por acumular, buscando una felicidad que es tan irreal como efímera y que siempre necesita algo más, esto nos produce dosis de satisfacción que desaparecen y que nos abocan a una carrera de la rata infinita. Parece que esta blusa de seda ahora ya no es suficiente, y necesito unos pantalones o unos zapatos o un coche…

Lo mismo ocurre en el sentido contrario, aunque de esto no siempre se habla.

Cuando emprendemos el camino del minimalismo, corremos el riesgo de caer en la misma tentación y en la misma dinámica, pero con una perspectiva opuesta. Cuando empezamos en este proceso de liberarnos de objetos que no nos inspiran felicidad, de repente sentimos una satisfacción interior que crece y crece. Lo que ocurre es que muchas veces vinculamos el proceso de la satisfacción interior con el hecho de dejar ir, sin reconocer que nos inspira y que no es el causante de nuestra felicidad.

Cuando entramos en esa dinámica, lo que ocurre es que nunca es suficiente, siempre necesitamos dejar ir algo más.

—Llevo ya unos años practicando el minimalismo y, al principio, sí que notaba una gran sensación de satisfacción, pero ahora me da la impresión de que me he atascado. Siguen quedando cosas y no siento la satisfacción de cuando comencé.

Este tipo de preguntas, este tipo de reflexiones, denotan que estoy buscando, en el proceso de dejar ir, una satisfacción que debería venir desde dentro y no desde fuera. Estoy haciendo una cesión de poder y estoy entrando en un bucle inalcanzable porque no voy a ser más feliz por tener menos.

Los extremos se unen y tanto si busco ser más por tener más como si busco ser más por tener menos, estoy entrando en el mismo tipo de desequilibrio que me saca de mi esencia para depositar lo que soy en lo que tengo.

No necesitamos tener algo que nos haga felices.

No necesitamos estar con alguien que nos haga felices.

No necesitamos hacer algo que nos haga felices.

Necesitamos ser alguien que nos haga felices.

¿Estás haciendo alguna cesión de poder?

Respiro.

Respira.

No eres lo que tienes.

Ruta 2

Los regalos del desorden

«Cada desorden esconde un regalo».
Esta es la frase que guía mis acompañamientos.

—Lucía, estoy desesperada —aclama Rosa de forma abrupta en uno de los encuentros *online* del curso Ordena tu casa para ordenar tu vida—. Ya no sé qué hacer con estos papeles, creo que me he atascado. He dejado ir incluso los apuntes de la oposición, pero parece que son una categoría infinita. Ahora me enfrento a los trabajos de mis hijos, sus notas, incluso sus informes de salud… Esto no se acaba nunca.

—¿Has leído alguna vez algún relato acerca de alguna experiencia cercana a la muerte? —le pregunto.

—¿Cómo? —respondió extrañada.

—Cuando escuchas una narración de una persona que ha vivido una experiencia cercana a la muerte, casi todas tienen elementos comunes. Uno de ellos es que ven pasar su vida ante sus ojos, como si fuera una película, normalmente destacando algunos momentos concretos.

Lo mismo ocurre con los papeles.

Cuando revisamos los papeles, revisamos toda nuestra vida en las distintas áreas. La vida escolar, la laboral, la salud..., todo está reflejado y representado en estos papeles que nos acompañan.

Además, otra de las características de las personas que han tenido este tipo de experiencias es que suelen suponer un antes y un después en sus vidas.

Esto es exactamente lo que ocurre con los papeles.

Poder ver todas las áreas de nuestra vida, poder identificar qué se queda y qué se va, poder ordenar aquello que elegimos mantener es un proceso de revisión física y también un momento en el que revisar y valorar nuestra vida.

Ves el crecimiento de tus hijos a través de sus trabajos escolares, la evolución de tu salud, tus años de trabajo, las formaciones que has hecho, tus cuentas del banco, la hipoteca, el seguro del coche...

Este desorden inicial que genera frustración esconde un gran regalo porque cuando puedes revisar tus papeles, priorizar, dejar ir y ordenarlos, de alguna forma te permites, sin llegar a vivir ninguna situación límite o cercana a la muerte, hacer el mismo proceso, una revisión de tu vida para reconocer, valorar y dejar ir.

Ordenar no es fácil y no hay atajos.

El camino del orden es como una peregrinación. Se emprende como un movimiento físico, pero realmente es un proceso de autodescubrimiento que en algunos momentos puede resultar difícil pero que siempre es muy sanador.

A veces, creemos que el desorden es algo negativo contra lo que tenemos que luchar.

Lo que yo veo con cada revisión que acompaño es que el desorden es un regalo. Simplemente es un reflejo de un patrón de pensamiento que ya no necesitamos.

El desorden de fuera es el reflejo del desorden de dentro.

Imaginemos que somos un árbol.

El desorden se produce cuando estamos recogiendo limones, pero queremos recoger mandarinas.

De nada sirve coger los limones para redondear sus formas o pintarlos de color naranja. Este proceso es un desgaste energético muy inefectivo, por cierto. El limón seguirá siendo un limón, y cuando estos frutos coloreados caigan del árbol, los próximos en nacer serán de color amarillo y con sabor a limón.

En el camino del orden, esto ocurre cuando creo que la solución para el desorden es tener un determinado organizador que me permita tener los papeles archivados en una posición concreta o usar unas carpetas de una marca determinada para ponerlos.

¿Qué ocurre cuando un limón con forma de mandarina se cae y nace uno nuevo?

Pues que crece un limón.

¿Qué ocurre al cabo de unos meses de haber puesto esas carpetas?

Que el desorden vuelve.

¿Por qué?

Porque no he atendido a las raíces responsables de los frutos que estoy recogiendo.

Esto se podría extrapolar a cualquier foco de desorden.

Cada desorden esconde un regalo cuya causa real radica en las raíces y solo cuando identifico e integro este aprendizaje, puedo generar un orden duradero.

Son las raíces de mi árbol las que determinan los frutos que recojo.

Nuestro mundo exterior y los frutos que obtenemos son simplemente un reflejo de nuestro mundo interior y de los frutos que cosechamos por dentro.

En mi propio camino descubrí que, al cabo de cierto tiempo, el desorden volvía, aunque no lo hacía de forma generalizada, pero sí en determinadas áreas de la vida o partes de la casa.

Me refiero a los puntos candentes que hemos visto en la ruta anterior.

Una de estas áreas era los productos del baño.

En mi caso, pasé de tener un desorden de productos de cuidado personal a uno de productos naturales de cuidado personal. Los productos eran distintos, pero el desorden volvía a hacer acto de presencia.

Esto ocurrió en un margen de tiempo de unos meses y cuando ya llevaba una temporada en mi camino hacia el minimalismo.

¿Había intentado pintar mis limones de mandarinas al hacer la revisión?

La respuesta era sí, porque seguía recogiendo limones.

Entonces, decidí ir un paso más allá.

¿Qué me llevaba a adquirir ese tipo de productos?

Aunque *a priori* parecía que en ambos casos lo que lo provocaba era la priorización de mi autocuidado, lo cierto es que, en la mayoría de los casos, no los usaba, o lo hacía de forma esporádica.

¿Entonces?

¿Por qué los compraba si después no los utilizaba?

Porque había un dolor emocional en la raíz.

¿Te imaginas cuál?

Una sensación de insatisfacción personal y búsqueda del autocuidado.

Así, como una parte de mí sentía que debía cuidarse más, enfocaba este autocuidado en la adquisición de estos productos, pero lo cierto es que, aunque la naturaleza de los productos que compraba era diferente, a la larga, cuando los frutos caían, seguían generando desorden; volvían a crecer limones.

¿Por qué?

Porque en ambos casos la compra la provocaba un vacío emocional, una sensación de carencia que intentaba cubrir con un objeto concreto.

¿Qué podía hacer para dar respuesta a la raíz de ese dolor?

En mi caso bastó con pequeños detalles.

Darme una ducha sin prisas, centrándome en estar presente con mi cuerpo, hacer deporte, encontrar tiempo para mí...

A partir de esto, y de integrar el aprendizaje, me quedé con aquellos objetos que de verdad me aportaban valor con respecto al cuidado personal. En consecuencia, reduje la cantidad de productos y lo mantuve ordenado sin esfuerzo.

Ahora, cada vez que tengo la tentación de comprar algún producto de cuidado personal, me pregunto: ¿me aporta valor de verdad o está cubriendo un dolor?

Si me aporta valor, lo compro; si está cubriendo mi dolor, calendarizo tiempo conmigo misma.

No todos los desórdenes necesitan de los mismos aprendizajes para todas las personas. El proceso de encontrar el regalo es algo muy personal, aunque suele haber paralelismos.

Esto me llevó a incluir en el método de revisión que comparto un apartado concreto cuyo objetivo es descubrir e integrar el aprendizaje, porque esta es la razón por la que podemos conectar con un orden profundo a largo plazo.

En muchos casos, como en el ejemplo que he puesto sobre el baño, el exceso de productos de cuidado personal, como cremas, mascarillas, sales..., solo refleja una necesidad de atención. Lo que ocurre es que muchas veces el objeto no puede responder a esa necesidad. Lo que realmente necesitamos no es el objeto, sino dejar espacio en nuestra vida.

De hecho, lo que suele ocurrir es que el objeto se convierte en un recuerdo de esa falta de atención y no solo no mejora la situación, sino que aumenta tu nivel de insatisfacción.

Te has comprado esa mascarilla porque quieres empezar a cuidarte, pero lo cierto es que no has priorizado el tiempo para ponértela y cada vez que abres el cajón del mueble del baño, la ves ahí y te recuerda lo que se supone que deberías estar haciendo.

Cuando integramos el aprendizaje que cada desorden, cada ruido, cada exceso nos regala, ponemos atención en la causa real que ha provocado la situación. Solo atendiendo a la causa real creamos un orden fuera que es el reflejo de un orden dentro y por ello se mantiene.

Si tengo la tendencia de ir de compras cuando me siento mal, si no integro ese aprendizaje, si no identifico el dolor que provoca esa reacción y no atiendo a esa tendencia, por muchas revisiones que haga, mi casa volverá a ser un caos al cabo de un tiempo.

—¿Cuál es el dolor que provoca que te cueste identificar qué se queda y qué se va con esos papeles? —le pregunté a Rosa.

—No acepto que mis hijos se hayan ido de casa. Creo que, si retengo todos sus papeles, de alguna forma los retengo también a ellos. Creo que, si los dejo ir, los estoy perdiendo.

Al cabo de unos días, Rosa me volvió a escribir.

«He acabado la revisión de los papeles», me decía.

«Ha sido difícil y ha sido doloroso, pero integrar el aprendizaje me ha hecho darme cuenta de lo importante que mis hijos son para mí.

«¿Y sabes lo que hice al terminar?

«Llamarlos.

«Te escribo estas líneas mientras se acaba de hacer la comida que tengo en el horno porque hoy toda la familia viene a comer a casa. Y aunque todavía no he terminado la revisión, como la cocina está despejada y ya no me avergüenzo de lo que pensarán mis nueras, puedo centrarme en simplemente disfrutar de su compañía y darles toda mi atención.

«Además, he preparado unas carpetas con algunos recuerdos que quizá les aporten valor. Ellos elegirán si se los quedan o si los dejan ir y, sabes qué, no me importa su decisión. No me quieren más o menos por tener esas carpetas, y yo no los quiero más o menos por tener sus papeles.

«Me emociona el hecho de que hayan hecho espacio en sus agendas para venir hoy y me siento profundamente agradecida».

Rosa revisó, identificó su dolor y encontró el regalo de ese desorden.

En mi primera revisión del baño, simplemente hice la revisión, pero no atendí al dolor emocional que me había llevado al desorden y, por ello, al cabo de un tiempo, el desorden volvió, pero con unas características diferentes.

Cuando acompaño a personas, una de las partes en las que pongo más énfasis es en el aprendizaje. De hecho, cuando alguien se pone en contacto conmigo porque está en un momento de crisis o de dificultad con relación a algún área concreta en el proceso, sonrío. No porque me alegre, sino porque sé que detrás de un desorden hay un gran regalo.

Nuestra relación con los objetos cambia, pues dejan de ser parches que ponemos para intentar no sentir vacíos emocionales y que simplemente sean elementos que facilitan nuestro día a día.

«Lucía, tengo algo que contarte», así empezaba el correo de Marta.

«Acabo de terminar la etapa de la ropa —me decía—, y ha sido muy difícil para mí.

«Con la ropa del día a día ha sido más sencillo, pero me ha costado mucho hacer la revisión de la ropa de trabajo. Me he dado cuenta de que no me gusta el estilo, que los colores no me inspiran y que, si me quedo con aquello que me inspira felicidad, la verdad es que me quedaría casi sin prendas.

«Entonces, al hacer el proceso del método en la parte del aprendizaje he descubierto que esto es solo un reflejo.

«Lo que no me inspira felicidad no es la ropa, sino mi trabajo».

La ropa era simplemente un reflejo de algo más profundo. Al descubrir el regalo que esconde nuestro desorden podemos integrar los aprendizajes y decidimos a partir de ahí.

Cada desorden esconde una oportunidad maravillosa para descubrir e integrar el regalo que nos lleva al orden de fuera porque nos lleva al orden en nuestro interior.

Nuestra casa es un reflejo sincero que nos permite vernos.

Como te decía, el camino hacia el minimalismo es como una peregrinación. Al igual que en este tipo de caminos, el aprendizaje no se hace al llegar al destino, sino en el proceso y en las distintas etapas. La persona que inicia y la persona que finaliza este tipo de aventuras son diferentes. No porque añadamos cosas a cada paso, sino porque dejamos ir aquello que no nos aporta valor a la par que reconocemos y reconectamos con nuestra esencia.

Si estás ante un desorden y todavía no lo vives como un regalo es que aún no has llegado a la raíz.

¿Qué regalos se esconden detrás de tus desórdenes?

Respiro.

Respira.

No eres lo que tienes.

Ruta 3

¿Quién decide qué necesitas?

«Buscamos felicidad en los bienes externos, en las riquezas, el consumismo es la forma actual del *summum bonum* (el bien máximo). Pero la figura del "consumidor satisfecho" es ilusoria; el consumidor nunca está satisfecho, es insaciable y, por lo tanto, no es feliz».
José Luis López Aranguren

Nuestro consumo ha cambiado a lo largo de los tiempos a la par que nuestro deseo. La sociedad de consumo aboga por un deseo insaciable que se alimenta por necesidades insatisfechas.

Muchos de estos decretos impuestos externamente los asumimos de forma inconsciente, lo que refleja la fugacidad que mueve la economía global actual.

El consumo es necesario y es un acto que se ha llevado a cabo desde tiempos inmemoriales, principalmente debido a la necesidad de cubrir las necesidades vitales. Aunque lo cierto es que hoy en día este fin ha quedado relegado a un segundo plano.

En la antigüedad, el consumo estaba vinculado a las posibilidades locales y ligado a satisfacer necesidades básicas. Asimismo, la presencia de los productos no era permanente y estaban determinados por épocas o estaciones concretas. La Revolución Industrial sentó las bases de la sociedad moderna, caracterizada por una producción especializada y diversificada con la que se ahorraban costes y tiempo. Desde entonces, el sistema ha complicado las estructuras en base a la lógica capitalista que ha dado forma al modelo actual. Ahora puedes tener lo que quieras cuando quieras.

Existe una relación directa entre la adquisición de un bien y una sensación de gratificación interior. Esto justifica cómo en la actualidad la mayor parte de nuestras compras no se basan en la racionalidad y no atienden a prioridades o funcionalidad.

Entonces, ¿qué determina qué compramos?

Como hemos visto en la ruta anterior, lo determinan nuestras emociones y estas nos hacen especialmente vulnerables, porque nos volvemos influenciables, sobre todo en relación con nuestros dolores e inseguridades.

Esto tiene una explicación desde la neurociencia.

Las personas compramos por causas emocionales y justificamos las compras a nivel racional.

En muchas de las conferencias que doy digo que la culpa del desorden en las casas la tiene «la cama azul». Con ella represento de forma irónica uno de los miles de anuncios que nos bombardean día a día.

¿Te cuesta dormir por las noches?

¿Te gustaría levantarte lleno/a de energía y vitalidad?

Compra esta cama azul.

Los procesos de venta normalmente siguen el siguiente patrón derivado del *neuromarketing*, aunque el orden puede variar según el interés o el objetivo.

Pain, Claim, Gain.

La primera es *pain* («dolor»). El objetivo de este punto es conectar con el dolor existente en la persona, algo que necesita o que le preocupa. En el ejemplo de la cama, el dolor sería la necesidad de dormir bien o levantarse con energía.

Si piensas en un anuncio de publicidad suele ser la primera parte de: «Estás cansado/a de...».

En nuestro ejemplo lo son las preguntas iniciales.

¿Te cuesta dormir por las noches?

¿Te gustaría levantarte lleno/a de energía y vitalidad?

El siguiente apartado es *claim* («solución»), aquí es donde juega su papel el producto que soluciona el dolor de la persona. Se identifica la solución al problema, por ejemplo, se presenta «la cama azul».

La última fase es *gain* («beneficio»), donde se demuestra al cliente, de forma tangible, que si escoge ese producto, ganará algo concreto. En el caso del colchón, el beneficio podría ser una mejor calidad del sueño. Otros ejemplos pueden ser ese refresco que da la felicidad o el coche que promete seguridad personal.

En muchos casos, se presentan, además, testimonios de personas que ya han conseguido sanar ese dolor que padeces gracias a la compra del producto.

Si lo observas, la mayor parte de los mensajes publicitarios tienen este patrón. Esto tiene una explicación: conectan realmente con tu cerebro reptiliano y con tu «dolor».

Puede que no puedas dormir bien por las noches y quieras levantarte con más vitalidad, pero quizá la cama azul no sea tu solución.

Puede que la causa de que duermas mal sea por el estrés que sientes y no descansas bien porque tienes demasiado en lo que pensar o tal vez tienes un bebé que se despierta a menudo.

En estos ejemplos, el color de tu cama, *a priori,* aunque puede influir, no afecta de forma radical a la vitalidad de tus despertares o a la calidad de tu sueño.

Lo sé, este ejemplo está muy simplificado, pero lo cierto es que se repite más a menudo de lo que creemos en nuestro proceso de toma de decisiones.

Entonces, ¿la idea es que no nos compremos camas azules?

No. La idea es que podamos valorar si la cama azul es la solución real a nuestro dolor o simplemente es un parche que no soluciona el problema de raíz.

Compramos promesas de felicidad de la mano de objetos que solo nos producen un placer efímero. Lamentablemente, en muchos casos esta cadena se repite de forma ininterrumpida.

La buena noticia es que depende de ti ponerle fin a este ciclo porque, como ya sabes, ningún objeto nos va a dar la felicidad, al menos no una real.

Una de las razones indirectas de que la mayor parte de la población se sienta insatisfecha es la publicidad. Con la publicidad, compramos ideales que muchas veces ni siquiera son alcanzables. Imágenes que no nos pertenecen y que pesan en nuestra conciencia, distorsionando la imagen de lo que creemos que «deberíamos ser» o «deberíamos tener».

Las altas dosis de publicidad han convertido las compras en la enfermedad y en la solución, generando un ciclo infinito de insatisfacción. Pasamos todo el día recibiendo mensajes directos que nos indican que nuestra vida está incompleta. Páginas web, Facebook, Twitter y demás espacios virtuales que nos muestran lo que todavía nos falta. Pero también en la televisión, la ropa de quienes conoces, en la publicidad de las películas o incluso en los autobuses.

Lo que para nuestros antepasados eran lujos, actualmente son necesidades. Esta es la base de la sociedad de consumo.

De hecho, nunca, hasta ahora, habíamos tenido tantas posibilidades de elección.

Con la paradoja de la elección, han aumentado las opciones, pero, al mismo tiempo, ha disminuido la satisfacción. Por lo que tenemos más necesidades, más alternativas, pero, en general, nos sentimos menos satisfechos/as con nuestras vidas.

Algunas filosofías, incluyendo la budista, identifican el deseo como uno de los venenos más peligrosos porque nos guía hacia una vida de sufrimiento y nos aleja del presente.

¿Qué podemos hacer?

En los últimos años, han surgido multitud de movimientos «slow» que, basados en la teoría del decrecimiento, abogan por una reducción en nuestro ritmo de vida. Lo hacen bajo el lema de que, para mejorar nuestra calidad de vida, debemos ir más despacio y, así, tomar decisiones con más calma y con sentido.

Hoy en día es imprescindible ralentizar para tomar conciencia de qué deseos son reales y cuáles son externos o inducidos.

Está en nuestras manos tomar cartas en el asunto y decidir qué es lo que realmente necesitamos. No dejemos que las agencias publicitarias jueguen con nuestras inseguridades, con nuestros miedos y problemas, y generen soluciones irreales que agravan un sentimiento de insatisfacción generalizado.

Pero, sobre todo, podemos ver qué mensajes hay detrás de lo que nos intentan vender. Ese anuncio vende cerveza o quiere que relaciones tener una vida social gratificante con una bebida alcohólica. Simplemente observando este proceso, adquirimos un grado de impermeabilidad que impide que haya una reacción automática y la convierte en una respuesta consciente. Puede que decidas comprar la cerveza, pero serás consciente de que no estás comprando ilusión, sino un producto.

Es el momento de abandonar el consumo como terapia (inefectiva, por cierto), la compra como respuesta a una necesidad de vacío interior que, por mucho que nos digan, no puede ser cubierta por objetos.

Está claro que este consumo descontrolado beneficia a alguien, pero tengo la certeza de que no es bueno ni para ti ni para mí ni para el planeta en el que vivimos.

Recuerda: cada decisión de compra es un acto de posicionamiento moral y político.

Identifica tus necesidades reales:

- Mira a través del objeto.
- ¿Qué hay detrás? ¿Qué condiciones de trabajo estás apoyando?
- Tiene o no tiene valor.
- ¿De verdad este producto añade valor a tu vida?
- Con o sin objeto.
- Como veremos más adelante, algunos estudios demuestran que a largo plazo nos aporta mayor felicidad invertir nuestros recursos en una experiencia, como un viaje, que en la adquisición de bienes materiales.
- Examina tus deseos.

¿De verdad te aporta valor esa determinada marca de teléfono? ¿De verdad te aporta valor esa marca de pantalones? ¿De verdad te aporta valor ese collar?

«Pero es que está de rebajas».

¿Seguro?

Algunos negocios incrementan el precio de sus productos en los meses previos a las rebajas. Así, durante el periodo de rebajas se hace un gran descuento, pero el precio final es el precio real de mercado.

Y ¿cómo aplico esto a mi día a día?

Quizá no sea algo que influya tanto en los productos de primera necesidad, pero sí en otro tipo de productos: ropa, libros, electrónica... Crea una lista de deseos, escribe el nombre del producto, el precio, el lugar donde comprarlo, pero no lo compres en el momento, espérate un tiempo. Aquí el plazo lo determinas tú. Yo prefiero dos o tres semanas, puede ser más o menos, aunque no menos de una semana.

Cuando pase ese tiempo, si aún sientes que te aportará valor, cómpralo y disfrútalo. Esto también se puede aplicar a los deseos de tus hijos e hijas, si los tienes.

Evita la tentación

Evita pasear por zonas de comercios o pasar tiempo en grandes almacenes. Si realmente no necesitas nada, puedes pasar ese tiempo en otros lugares, como la playa, la montaña o paseando por otra zona de tu población.

Y, por supuesto, desinstala cualquier aplicación de compras que tengas en el teléfono. Todas tienen una versión web que te permite comprar algo en caso de que lo necesites.

Sustituye el consumismo por una compra consciente y da valor a tus nuevas adquisiciones.

Un paso más allá, cuando te compran cosas.

Es curioso porque a veces hay influencias como los medios de comunicación con sus campañas de *marketing*, mientras que en otros casos la influencia puede venir de las personas más cercanas.

Cuando me quedé embarazada, a mi alrededor empezaron a llegar mensajes de personas que tenían objetos para darme.

Todo el mundo me decía: «Al final nos regalaron más de lo que necesitábamos y la casa se nos llenó de trastos».

«Además —me confesaban—, algunas personas de la familia se ofendían si no les mandábamos la foto con el modelito que le habían regalado al bebé y acabábamos poniéndole algo que ni siquiera nos gustaba por hacer el paripé».

Nuestro hijo es el primer nieto por parte de mi pareja y también es el primer nieto por mi parte. Creíamos que era un ingrediente que, *a priori,* vaticinaba un choque directo con nuestra filosofía minimalista.

Así pues, decidimos evitarlo enviando un mensaje a toda la familia y lo hicimos poniendo nuestras motivaciones en un vídeo que finalmente compartimos en abierto a través de mi blog bajo el título de «Mamá minimalista».

Aquí compartíamos nuestra visión sobre el consumo en general, que se ve muy influenciada por teorías como la del consumo colaborativo. Esta perspectiva ofrece una alternativa a la actual e insostenible forma de consumo.

Además, explicamos que, al ser padres primerizos, no sabíamos qué necesitábamos, ya que dudábamos de las típicas listas de imprescindibles.

Cosas que para otras familias eran básicas, como una cambiador o un cochecito con capazo, en nuestro caso no teníamos claro que fueran algo que nos pudiera aportar valor.

También hablamos sobre las muestras de afecto y amor. Tendemos a confundir los objetos con amor, queremos a una persona y, para demostrarle nuestro amor, le regalamos un objeto. Esta distorsión tiene influencias culturales porque lo cierto es que no queremos más o menos a alguien por hacerle un regalo y no queremos más o menos a alguien por quedarnos un regalo que nos hayan hecho.

La forma en la que podemos demostrar nuestro amor es a través de la presencia, pero esto es algo que nadie nos ha enseñado y que no siempre se suele entender a nivel social.

¿Lo conseguimos?

Sí, lo cierto es que, aunque ha habido algunas excepciones sobre todo con las personas menos cercanas, en general sí que ha sido así. Creo de corazón que cuando explicamos las razones, permitimos que las personas conecten con nuestra decisión, aunque no la compartan. Igualmente, las relaciones son un asunto complejo sobre el que profundizamos en otra ruta.

Desde aquí, lo más importante es: ¿cuáles son las razones que te llevan a tomar esta decisión?

¿Cuál es tu «para qué» que define y decide qué entra en tu vida?

Y, por último, ¿quién decide qué necesitas?

La próxima vez que te plantees adquirir un objeto hazte una pregunta: ¿de verdad quiero invertir energía aquí? ¿Añade valor a mi vida?

Respiro.

Respira.

No eres lo que compras.

Ruta 4

El poder de la ropa

«Hemos construido un sistema que nos persuade a gastar el dinero que no tenemos en cosas que no necesitamos, para crear impresiones que no durarán en personas que no nos importan».
Emile H. Gauvreay

La moda es uno de los mayores reflejos del mundo en que vivimos. Así, la ropa y los complementos se han convertido en parte de nuestra personalidad.

¿Qué hay detrás de la ropa que compramos?

Según el último informe textil de 2018 elaborado por la EAE Business School, la media de gasto per cápita en ropa en España en el 2018 fue de 429,30 €. Si a la ropa se le añade el calzado, el gasto en 2018 aumenta a 565,70 € per cápita. Para el 2023 se prevé que el gasto en ropa crecerá un 16 %. Estos números, en el caso de las familias, crecen, porque recuerda que este gasto es medio y por persona.

La moda es uno de los motores del mundo actual, además de una manifestación cultural que está vinculada con nuestro estilo de vida y, en muchos casos, con nuestras creencias en relación con el mundo.

A lo largo de los años, la ropa ha adquirido un valor cada vez mayor y ha llegado a mezclarse con nuestra identidad.

He estado en más de treinta países y si tuviera que elegir uno de los lugares que más me han marcado, en el top tres de la lista estaría Bangladesh.

Viví en Daca, una de las capitales con mayor densidad de población del mundo. ¿Te imaginas lo que eso significa?

Bangladesh fue un choque de realidad abrumador para mí. Recuerdo que cuando llegué, dos de mis compañeros ya estaban allí, y, al recogerme en el aeropuerto, me saludaron con la siguiente frase: «Bienvenida al infierno».

«No será para tanto», pensé yo.

Fue duro, no tanto por mi experiencia, que era finita en el tiempo, sino por conocer las condiciones de vida de algunas de las personas con las que compartía mi día a día.

Bangladesh es uno de los países que abarca la mayor producción textil del mundo. Eso sí, se caracteriza por las condiciones de explotación laboral que priorizan el beneficio de determinadas multinacionales, los precios de venta competitivos y la producción en masa sobre los derechos humanos.

He conocido a personas que no veían a sus hijos porque las fábricas, principalmente de ropa, en las que trabajaban, estaban a cuatro o cinco horas de distancia y tenían jornadas de trabajo que excedían las doce horas seguidas. Así, en muchos casos, acababan durmiendo en las puertas en condiciones insalubres.

Allí fui consciente de las consecuencias de nuestras elecciones de compra y de nuestra hipocresía. La llamada *fast fashion* o moda rápida tiene un alto precio social que tiene consecuencias directas en la vida de personas que viven en la otra parte del mundo.

Al mismo tiempo, veía los riesgos de cambiar de un día para otro las bases de una industria muy especializada y las consecuencias para la economía del país de una decisión de ese tipo.

Aquí viví de primera mano las incoherencias y complejidades de la cooperación. Fue aquí donde decidí dejar ese espacio para alguien que pudiese gestionar mejor que yo ese tipo de idiosincrasia.

Esto fue en 2008, cinco años después ocurrió una gran desgracia. El Rana Plaza, un edificio en el que trabajaban cinco mil personas, se derrumbó, lo que causó la muerte a 1127 personas y dejó heridas a 2437. Este hecho demostró las condiciones en las que se trabajaba en las fábricas textiles, que son las que abastecen a la mayoría de los productores de las marcas en el mundo como el grupo Benetton, The Children's Place, DressBarn, Mango, Monsoon, Inditex y Primark, así como para empresas de distribución como El Corte Inglés.

Esta situación, reflejo de una sociedad inconsciente, encuentra su antídoto a través de diversas opciones como el movimiento *slow fashion*, que apuesta por un modelo de ropa ética en el que la «ropa rápida» queda relegada para dejar espacio a prendas que apuestan por un modelo social diferente, más equitativo y justo.

Existen campañas, como la campaña Ropa Limpia,* que ofrecen información en relación con qué hay detrás de la ropa que vestimos. Además, exponen las prácticas responsables que muchas empresas de ropa llevan a cabo, para que realizar una elección consciente sea mucho más sencillo.

Gracias a esta presión y conciencia social, muchas empresas se están sumando al concepto de responsabi-

* http://www.ropalimpia.org/es/

lidad social corporativa, por el que contribuyen activa y voluntariamente a la mejora social, económica y ambiental. Depende de nosotros, las personas consumidoras, que la moda justa sea la nueva moda.

El minimalismo no se basa únicamente en reducir el consumo, sino en practicar un consumo consciente que apoye el ideal del planeta en el que quieres vivir. Sinceramente, creo que es el momento de dejar atrás la era de las quejas en los bares, ya que, no solo no nos aportan nada, sino que alimentan un sentimiento de frustración contraproducente. No es el momento de castigar o de criticar a las empresas que tienen conductas abusivas. Siento que es el momento de apoyar y reconocer a aquellas que están haciendo las cosas con mayor conciencia. Tú tienes el poder de influir en cualquier situación que quieras cambiar, y si no es así, tienes el poder de dejarla ir.

Ahora somos más conscientes de que con cada compra que hacemos estamos alimentando una determinada cadena de producción. Desde aquí, tenemos el poder y la responsabilidad de decidir con relación a nuestra vida y la del planeta.

Y lo cierto es que, aunque todavía queda mucho por hacer y, en muchos casos, estos actos son parches, cada vez hay más campañas de recogida de prendas, trabajo con materiales más éticos y transparencia en cuanto a la cadena de producción de los tejidos, lo que permite que haya un seguimiento en relación con las condiciones.

Igualmente, si te interesa este tema, te invito a visitar la web de la campaña Ropa Limpia para que puedas hacer un seguimiento de tus marcas favoritas y que les escribas para preguntar en el caso de que no cumplan con alguno de los puntos marcados.

En mi opinión, la solución no se encuentra en las grandes naciones o en los acuerdos, sino en nuestras pequeñas decisiones diarias.

Como puedes imaginar, Bangladesh, especialmente la zona más rural, no es el lugar más visitado por turistas o extranjeros. Estuve en zonas donde nunca habían visto a una persona extranjera y, cuando llegaba, se generaba un corro de cientos de personas curiosas que me observaban sin disimulo.

En una de las comunidades que visité, un grupo de mujeres nos recibieron con una canción y un baile. Al acabar, me pidieron que cantara algo, pero en ese momento me quedé en blanco.

La Macarena.

El Aserejé.

Fueron mis primeros pensamientos y, por supuesto, los descarté.

El cocherito leré.

Por favor, pero si esa la cantaba cuando tenía cinco años.

Al final, ¿sabes lo que acabé cantando?

Volare... oh, oh!... Cantare... oh, oh, oh, oh! Nel blu, dipinto di blu. Felice di stare lassù.

«Gracias cerebro», pensé de forma irónica justo después de empezar a cantar. Ni siquiera es en castellano.

Este fue, sin lugar a duda, uno de esos momentos de «tierra trágame». «Menos mal que aquí nadie me entiende», pensé.

¿Sabes lo curioso?

Hoy, cada vez que voy a comprar una prenda de ropa, al mirar la etiqueta, la melodía suena en mi cabeza y recuerdo a aquel grupo de mujeres.

Las personas estamos conectadas. Martin Luther King, por ejemplo, describía así la interrelación humana:

> «En verdad, el asunto se reduce a esto: toda vida está interrelacionada. Cada uno de nosotros está atrapado en una red ineludible de reciprocidad, atado por un hilo del destino. Lo que afecta a un individuo de forma directa, nos afecta a todos de forma indirecta. Estamos hechos para vivir juntos debido a la estructura interrelacionada de la realidad. ¿Te has parado alguna vez a pensar que no puedes irte a trabajar por la mañana sin algún tipo de dependencia de buena parte del mundo? Te levantas de la cama, vas al baño y coges una esponja, que ha llegado hasta ti gracias a un isleño del Pacífico. Coges una pastilla de jabón, y esta te ha llegado gracias a un francés. Y luego vas a la cocina para tomarte tu café de la mañana, y eso es posible gracias a un sudamericano. Tal vez desees té: este llega a tu taza gracias a un chino. O tal vez prefieras cacao para el desayuno, y eso es posible gracias a un africano. Luego, te prepararás una tostada, y esta habrá llegado a tus manos gracias a un agricultor inglés, por no mencionar al panadero. Y antes de terminar con tu desayuno, habrás dependido de casi la mitad del mundo. Esta es la forma en que nuestro universo está estructurado, este es el tipo de relación recíproca. No vamos a tener paz en la Tierra hasta que reconozcamos este hecho básico que es la estructura interrelacionada de toda nuestra realidad».

Quizá te preguntes: ¿qué puedo hacer yo?

Te propongo jugar.

¿Jugar?

Sí, en general hay tres opciones diferentes para tener un armario minimalista, y por cada una te voy a proponer un juego.

1. Hacer una revisión del armario para quedarte con aquello que te inspira felicidad.

Personas como Oprah proponen ordenar las perchas del armario, colocándolas todas en el mismo sentido. A medida que vas usando las diversas prendas, vas cambiando las perchas de sentido. Así, después de una temporada, tendrás una imagen visual de la ropa que no has usado. Esto te permite simplificar tu armario de forma sencilla y objetiva.

Otra opción es hacer una revisión de tu armario:

- Imagina cómo te gustaría que te hiciera sentir la ropa que te acompaña.
- Saca todas las prendas y posiciónalas por categorías.
- Elige las prendas que te encantan de cada categoría y, a partir de ahí, decide sobre el resto.

Hay una pregunta que te puede acompañar en este proceso: ¿esta prenda habla de la persona que soy hoy?

2. Hacer un armario cápsula

Si tuviera que decir qué es un armario cápsula diría que es una colección de prendas esenciales que ofrecen opciones para todas las ocasiones. Normalmente, estos armarios tienen entre siete y cuarenta piezas por temporada.

Hace siete años descubrí una propuesta muy interesante para generar un armario cápsula: el proyecto 333. Según este proyecto, las personas se comprometen durante tres meses a usar treinta y tres prendas de ropa, incluyendo zapatos y complementos, pero excluyendo ropa interior y de deporte.

Si te interesa, te animo a que te unas al #proyecto333* *(#project333* en inglés). Eso sí, cuidado porque es adictivo. Además de ahorrar dinero y tiempo, te volverás una persona mucho más selectiva a la hora de adquirir nuevas prendas.

Además, en mi web tienes una entrevista a ValeDeOro, la persona que lideraba este proyecto en el mundo de habla hispana. En ella, responde a las principales dudas que suelen surgir a la hora de embarcarse en este proyecto.

3. Moda uniforme

No es casual que personas como Obama o el creador de Facebook vistan siempre de la misma forma. Esto, según afirmó Obama, es un modo de invertir tu energía en lo que de verdad importa: «Necesitas concentrar la energía que usas para tomar decisiones. Necesitas crearte una rutina para ti mismo. No puedes distraerte a lo largo del día por lo trivial». En esa misma entrevista para Vanity Fair,† el presidente mencionó diversas investigaciones que demuestran que el simple acto de tomar decisiones degrada la habilidad para tomar otras.

Los psicólogos lo denominan «fatiga frente a las decisiones»: a cuantas más elecciones nos enfrentamos, más se deteriora la calidad de nuestras decisiones. Si reducimos la cantidad de decisiones en relación con aspectos como la vestimenta diaria, podemos reinvertir esa energía en tomar mejores decisiones en otros temas de mayor importancia.

Lo mismo ocurría con Steve Jobs, que en su biografía confesó que tenía un único jersey repetido. Una tendencia

* http://www.bemorewithless.com/project-333

† http://www.vanityfair.com/news/2012/10/michael-lewis-profile-barack-obama

inspirada en el concepto de uniforme y que se convirtió en uno de los aspectos diferenciadores de su marca personal.

En todos los casos ocurre algo. Se acaba el típico ¿qué me pongo hoy? Porque la reducción de opciones reduce de manera exponencial las posibilidades. Y lo mejor es que todas las opciones están formadas por prendas con las que te sientes bien y que te favorecen.

Otros de los beneficios son:

- Te sientes más satisfecho/a por cómo te vistes y por cómo te queda la ropa.
- Encuentras tu estilo y sabes exactamente qué quieres.
- Tu autoestima mejora.
- En una primera fase, tus gastos en ropa se reducen.
- Sientes que estás cuidando el planeta.
- A la hora de decidir qué prendas priorizar, hay algunas opciones para tener en cuenta:
    - La estética.
    - La comodidad.
    - Los cuidados: lavado, planchado...
    - El espacio que ocupa: para las personas que viajamos este puede ser un factor importante.
    - Los colores con relación a tu tono de piel y pelo: mi abuela siempre me decía que tengo un color oliváceo, lo que quiere decir que el beige no está entre la gama cromática de la ropa que uso.
    - Que sea versátil: que te permita tener modelos para todo tipo de ocasiones.
    - Que se ajuste a tu día a día: es posible que si eres madre las salidas nocturnas hayan disminuido a la par que hayan aumentado las

visitas al parque. Tu armario necesita ser coherente con tu vida actual.

Normalmente, las personas que se embarcan en el minimalismo suelen empezar en orden, primero la revisión, después, con el tiempo, el armario cápsula y, finalmente, la moda uniforme. Aunque en la mayoría de los casos el camino finaliza en la revisión o, como mucho, en el armario cápsula, y son pocas las personas que se embarcan en la moda uniforme.

¿Cuál crees que puede ser la mejor opción para ti?

Cuando vivíamos en Tailandia, a nuestro hijo le encantaba visitar los templos, especialmente uno que estaba cerca de nuestro apartamento.

Cada día veíamos monjes vestidos iguales con las mismas túnicas, que representaban una tradición y un concepto de vida sencilla.

Allí, decidí practicar la moda uniforme en mi día a día, dejando simplemente algunas prendas para otros momentos.

Mientras escribo estas líneas, llevo meses en el proceso, y debo decir que, aunque al principio me costó encontrar el formato que se ajustaba a mis necesidades, lo cierto es que estoy encantada con los resultados. Igualmente, tengo claro que esta opción no es para todo el mundo.

De hecho, mi objetivo al contarte esta historia es simplemente ofrecerte la posibilidad, porque cuesta encontrar ejemplos, sobre todo de mujeres, que se planteen esta opción.

Con el armario cápsula parece que damos más valor a nuestra ropa, pero, en el fondo, son solo prendas, no lo olvides.

Respiro.

Respira.

No somos nuestra ropa.

Ruta 5

¿Qué se queda y qué se va?

«Cuando hay un exceso de cosas,
hay una falta de vida».

Al igual que no hay una dieta perfecta que funcione para todas las personas, tampoco hay un estilo de casa que funcione para todo el mundo.

Lo que puede ser sano para mí, puede ser veneno para ti y esto mismo, aunque con otros adjetivos, es lo que ocurre en las casas.

Nuestra dieta evoluciona de alguna forma a lo largo del tiempo. Del mismo modo, nuestra casa también debería evolucionar a lo largo del tiempo, así como nuestras necesidades en relación con ella.

Esto, por un lado, nos genera un desafío, pues no es posible tener recetas que sirvan para todo el mundo, pero, al mismo tiempo, nos embarca en una aventura maravillosa: la de descubrir qué hace que tu casa sea única.

Desde luego, esto no coincide con las revistas de interiorismo o las personas que insisten en decirnos de qué material tienen que estar hechos los muebles, o de qué color necesitas comprar tu cojín.

Al inicio de mi proceso acompañando a personas en sus casas, esto me generaba algo de frustración porque, por un lado, me hubiera encantado poder decirle a la gente lo que necesitaba, y veía que a veces, sobre todo al principio, era lo que más se me reclamaba. «Lucía, crees que debería tener esta estantería».

Pero lo cierto es que más allá de que yo te pueda dar una opinión, solo tú tienes la respuesta y la última decisión.

De hecho, si te diera las respuestas, estaría alimentando una cesión de poder personal, porque si depositas tu capacidad de tomar decisiones en mí, la consecuencia es que tú la pierdes. Esto no quiere decir que una persona o incluso este libro no te puedan inspirar, lo que quiere decir es que al final solo tú sabrás qué es lo mejor para ti.

Y cuando me refiero a esto no hago referencia a lo que más te gusta, sino a qué es mejor para ti. Vuelvo de nuevo a la metáfora de la alimentación. Puede que te guste ese pastel de chocolate, pero no le sienta bien a tu organismo; lo mismo nos puede ocurrir con nuestras pertenencias.

Acumulamos cosas por dos razones principales. A esto yo lo he llamado la maldición del 33.

Acumulamos por «miedo al futuro», que son tres palabras.

Y esto se esconde, en la perspectiva material del tener, detrás de los «por si acaso», que también son tres palabras.

Es algo que no me aporta valor en el presente, pero lo mantengo porque una parte de mí tiene miedo al futuro.

No creo que, llegado el momento, la vida me ofrezca la posibilidad o los medios para conseguir aquello que necesite, cuando ese futuro sea el presente.

Por eso retengo objetos que no están alineados con mi presente.

Los «por si acaso» se esconden en cualquier parte de la casa y especialmente en los trasteros.

Por cierto, «trasto» según la RAE es: «Cosa inútil, estropeada, vieja o que estorba».

También acumulamos por «apego al pasado», que son tres palabras.

Y esto se esconde detrás de los «me sabe mal», que son tres palabras.

Es algo que no me aporta valor en el presente, pero no lo dejo ir porque me aportó valor en un pasado o porque le aporta valor a otra persona y confundo objetos con amor.

Luisa, en uno de los encuentros, me dijo:

—Lucía, creo que necesito un salón más grande, no consigo recuperar el espacio.

—¿Cuáles son los espacios de almacenamiento que están más desaprovechados? —le pregunté.

En ese momento, uno de los primeros espacios de los que me habló fue el del mueble del salón. En uno de sus compartimentos guardaba una vajilla que había sido de su madre y, según ella, era un objeto con vínculo emocional.

En cuanto vi su cara mientras hablaba, supe que no era así.

—¿Te aporta valor?

—La verdad es que no la uso, pero a mi madre le encantaba y ha fallecido —continuó.

—¿Tienes algún otro objeto de tu madre que realmente te haga sonreír? —le pregunté.

—Claro —respondió a la vez que su cara se iluminaba—. Tengo su fular favorito, que es una prenda que me encanta y me recuerda mucho a ella. De hecho —decía Luisa con un brillo en los ojos—, sé que no puede ser porque ya lo he lavado, pero me parece que todavía huele a ella y cuando me lo pongo es como si su sonrisa me acompañase.

—Es un objeto con vínculo emocional —le dije—. ¿Notas la diferencia en cómo te hace sentir? Piensa en la vajilla y siente cómo reacciona tu cuerpo. Después, haz lo mismo con el pañuelo y compara.

—La vajilla me hace sentir pesada, mientras que cuando conecto con el pañuelo me siento ligera. Pero, Lucía —dijo—, es que me sabe mal.

—¿Tienes miedo de querer menos a tu madre si dejas ir su vajilla favorita? —le pregunté con cariño.

—Sí —dijo a la vez que se echaba a llorar—. Y ahora veo que quiero dejarla ir. Cada vez que pienso en esos platos me siento mal y conecto con mi madre desde esa sensación de pesadez. Esa no es la energía con la que quiero conectar con su recuerdo. Quiero recordarla y sonreír, no recordarla y sentirme mal. Además, tengo claro que ella no hubiera querido que se quedase guardando polvo en un armario del salón, y quizá el mayor acto de amor en relación con ella sea dejarla ir. Confío en que seré capaz de encontrar a otras personas que realmente la aprecien como lo hacía ella y que la puedan disfrutar.

Después de unos días, Luisa me escribió un correo para contarme que ya no tenía problemas de espacio y que, al liberar el espacio de la vajilla, había aparecido el hueco que le faltaba.

Esta es la magia de los desórdenes. Cada uno esconde un aprendizaje y, cuando lo integramos, el orden es la respuesta natural.

Ya lo he dicho, pero nos lo recuerdo. No queremos más o menos a las personas por guardar sus pertenencias cuando no nos aportan valor.

Luisa no quería más o menos a su madre ni era mejor hija por retener esa vajilla.

Hay veces en las que se tiene muy claro qué hay que hacer con determinado elemento, pero en otras ocasiones la duda llama a la puerta con fuerza. Para estos casos he creado un cuadrante que permite, primero, identificar la categoría y, después, tomar la decisión más adecuada según el tipo de objeto que sea.

Como ves, tenemos dos ejes de coordenadas que, teniendo en cuenta las variables de «me inspira felicidad» y «lo necesito», nos sirven de criterio para visualizar de forma gráfica las cuatro opciones posibles.

Recuerda, como ya vimos en una ruta anterior, que usamos «me inspira felicidad» y no «me hace feliz» porque la felicidad nace de ti, no del objeto que estás valorando.

Ahora vamos a ver cada una de las cuatro opciones:

1. Lo necesito y me inspira felicidad.

Esta es muy sencilla: simplemente disfrútalo.

Esta parte, que parece la más obvia, es la que muchas veces olvidamos. Tenemos la casa tan llena de objetos que no nos aportan valor que a veces aquellos que sí lo hacen quedan relegados a un segundo plano y perdemos la capacidad de apreciarlos.

Esto también nos pasa con las personas o con algunas actividades: nos inspiran felicidad y las necesitamos, pero no siempre las disfrutamos.

A veces creo que el minimalismo es muy básico en sus propuestas y, de hecho, en muchos casos es simplemente sentido común. Ojalá llegue el momento en que no tengamos que recordarnos que tenemos que disfrutar de aquello que nos aporta valor.

2. Lo necesito, pero no me inspira felicidad.

En este caso te invito primero a cuestionarte y, a partir de aquí, a elegir una opción.

Eckhart Tolle, en una de sus presentaciones, decía que cuando te encuentras en una situación en la que no estás cómodo tienes dos opciones: irte o entregarte. Bueno, no, él decía: «Existe una tercera opción, el sufrimiento». El autor hacía la comparativa con un plato de sopa fría, así que hay tres opciones: calentarla o pedir a alguien que te la caliente; aceptarla, sin quejas y disfrutar de ella tal y como es, o sufrir.

Así que estas son las dos opciones que te propongo. Confío en que nunca elijas la tercera.

A. Cambiarlo.
B. Aceptarlo.

A la hora de revisar mis objetos del baño, los productos de maquillaje eran algo que estaba en esta categoría: lo necesitaba, pero no me inspiraba felicidad.

Mi suegra vende productos de cosmética. Así que, en cada festividad, era común que me regalase este tipo de artículos. Era maquillaje de marca y, por supuesto, de buena calidad, pero no eran los productos que yo me hubiera comprado.

Un análisis que comparto contigo en la ruta doce me llevó a dejar ir todos los productos de maquillaje y, con el tiempo, a comprar las pocas cosas que realmente necesitaba y que eran coherentes. Así, mi maquillaje cambió de cuadrante.

Por cierto, los regalos de mi suegra ahora son diferentes y nuestra relación incluso se ha visto reforzada.

3. Los objetos que no necesitas y no te inspiran felicidad.

Déjalos ir.

Para ello es mejor priorizar. Las donaciones, las ventas o los regalos son buenas opciones para deshacerte de ellos porque hay cosas que quizá no te aporten valor, pero pueden aportar valor a otras personas.

La siguiente opción sería reciclarlo y, por último, en el caso de que no sea posible ninguna de las opciones anteriores, tirarlo a la basura.

4. Los objetos que no necesitas y te inspiran felicidad.

Estos son los llamados objetos con vínculo emocional.

A. Primero vamos a asegurarnos de que el objeto que estamos valorando se merece estar en esta categoría.

Como veíamos en el ejemplo de la vajilla de Luisa, no todos los objetos que creemos que son objetos con un vínculo emocional se merecen llevar este nombre.

Para identificar si es así, te invito a centrarte en el cuerpo físico, en sentir cómo reacciona tu cuerpo; si lo necesitas, coge el objeto entre tus manos y cierra los ojos.

¿Te hace sonreír?

¿Se expande tu cuerpo?

¿Te produce una sensación agradable?

Puede que la mente te diga «deberías...» seguido de un juicio sobre qué hacer con el objeto. Aquí te invito a agradecer su participación, «gracias mente por tu opinión», para devolver enseguida la atención a la sabiduría de tu cuerpo.

En uno de los encuentros, Paula me dijo:

—Lucía, estoy revisando los libros y tengo unos en el comedor que me encantan, pero creo que no deberían estar allí porque supongo que no los volveré a leer. Sin embargo, me parecen tan bonitos... No sé qué hacer.

Nuestros encuentros son en grupo y pregunté al resto de personas que estaban presentes.

—Que levante la mano quien crea que Paula debería mantener esos libros.

Todos levantaron las manos.

¿Sabes por qué?

Porque cuando hablaba de esos libros, su cara se iluminaba.

No eran objetos que necesitaba. De hecho, como había confesado, no volvería a leerlos. Su mente lo sabía por lo que usaba esa razón como baza para invitarla a dejarlos ir, pero había algo dentro de ella que se resistía; su intuición.

—Qué alivio —dijo—, creía que tenía que dejarlos ir, pero lo cierto es que me encantan.

Su cara era un libro abierto.

Los objetos con un vínculo emocional pueden estar escondidos en categorías muy variadas. A veces, creemos que simplemente son postales, cartas o fotografías, pero lo cierto es que no todas estas categorías tienen un vínculo emocional. Y, por otro lado, a veces los encontramos en la forma de un tenedor, una cámara de fotos antigua, una manta, un libro o incluso un bolígrafo.

B. Cuando hemos identificado esos objetos que no necesitamos pero que nos inspiran felicidad, el siguiente paso es visibilizarlos, ya sea exponiéndolos a la vista o guardándolos.

En el caso de Paula, tenía los libros en el salón y los usaba casi como decoración.

En otros casos, los podemos tener dentro de un armario que abrimos a diario.

A veces, tendemos a esconder este tipo de objetos en cajas o baúles que no abrimos casi nunca.

Si te aporta valor, dale un espacio en tu vida, en este caso, en tu casa.

Y en todos los casos, en todas las categorías del cuadrante, agradece, porque incluso con aquellas cosas que dejamos ir, hemos tenido la posibilidad y el privilegio de compartir un tiempo.

Habrá cosas que serán más sencillas de agradecer, si lo necesitas y te inspira felicidad seguramente sea fácil. Igualmente, te invito a hacerlo también con aquellas cosas que no te aportan valor o que debes aceptar porque en ello se esconde, como ya hemos visto, un gran regalo en forma de aprendizaje.

Ahora te toca a ti decidir.

¿Qué se queda y qué se va?

Respiro.

Respira.

No eres lo que tienes.

Ruta 6

Desconectar para conectar

«Los expertos saben convertir a las mercancías en mágicos conjuntos contra la soledad. Las cosas tienen atributos humanos: acarician, acompañan, comprenden, ayudan, el perfume te besa y el auto es el amigo que nunca falla. La cultura del consumo ha hecho de la soledad el más lucrativo de los mercados».

EDUARDO GALEANO

—La verdad es que me cuesta hacer amigos —me confesaba una emprendedora *online* que, desde mi punto de vista, era muy exitosa.

—¿Cómo que te cuesta hacer amigos? —le pregunté incrédula.

—No lo sé. La verdad es que cada vez me siento más distanciada de mis amigos de antes y lo cierto es que casi todas mis amistades están detrás de una pantalla y si te soy sincera, no son amistades reales. Son relaciones más bien profesionales.

—¿Cuántas horas al día trabajas? —le pregunté.

—No te sé decir. Unas 10 o 13. Algunos días creo que incluso más.

—Quizá no estás dejando espacio para tu vida social —le dije.

—Es posible —respondió y seguimos charlando de otras cosas.

Es curioso porque esta conversación me hizo darme cuenta de algo que quizá sea obvio pero que había olvidado.

Las personas compartimos a través de las redes sociales una imagen parcial de nuestra vida que no refleja el conjunto.

Me había hecho una idea de cómo sería la vida de esta persona solo con esa imagen parcial. Además, había rellenado de forma inconsciente los huecos que faltaban con un ideal de éxito y de perfección que descubrí que no se correspondía con la realidad.

De hecho, creía que la conocía por ver sus vídeos o leer sus artículos, pero lo cierto es que después de encontrarme con ella en un espacio más informal, me percaté de que no la conocía de verdad.

El desarrollo tecnológico ha interferido directamente en nuestra forma de comunicarnos e incluso en nuestra capacidad de empatizar. Mientras que las opciones de comunicación a través de la tecnología aumentan, de forma paralela, crece el aislamiento social, que ya ha adquirido dimensiones epidémicas, principalmente en las grandes ciudades.

Elsa Punset califica esta situación como «epidemia de la soledad». La autora especifica el carácter holístico de este concepto, que no solo afecta a las personas mental y emocionalmente, sino que, además, lo hace a nivel físico.

La soledad afecta a la calidad de nuestros pensamientos y a la de nuestras emociones, pero también a nuestra salud física e incluso puede influir en nuestra genética.

Por ello, según la escritora, es imprescindible «centrarnos en los vínculos sociales».

Robert Waldinger, psiquiatra y profesor de la Escuela Médica de Harvard, dirige un estudio que desde 1938 sigue a un grupo de estudiantes de la universidad y a su descendencia para investigar las claves sobre la salud y la felicidad. Este estudio, que empezó con 268 hombres, ahora sigue a más de 1300 personas.

Los resultados son concluyentes: lo que da felicidad no es la fama o el dinero, sino la calidad de las relaciones personales. Y lo más curioso es que se ha demostrado a lo largo de los años que existe una relación directa entre las relaciones, la felicidad y el estado físico. «El sorprendente hallazgo es que nuestras relaciones y lo felices que somos en ellas tienen una poderosa influencia en nuestra salud», explica el profesor en el *Harvard Gazette*.

Entre los beneficios encontrados, vemos que las buenas relaciones ayudan a retrasar el deterioro mental, mantienen la capacidad humorística, controlan el estrés y ayudan, entre otras cosas, a dormir mejor. Según Waldinger, «las personas que estaban más satisfechas con sus relaciones con cincuenta años, estaban más sanas con ochenta». De hecho, el profesor va incluso un paso más allá y afirma que «la soledad mata. Es igual de poderosa que fumar o que el alcoholismo».

En un mundo en el que las relaciones se basan en los medios de comunicación interpersonales, es curioso descubrir que, a pesar de que actualmente disponemos de más información acerca de las personas que conocemos, las sentimos más lejanas. Aunque veamos sus fotos en las redes sociales, es una cercanía ficticia, una falsa sensación de proximidad que no nos llena a nivel emocional.

Vivimos en un mundo superpoblado, pero hay una epidemia de soledad; en otras palabras, cada vez sentimos más soledad porque tenemos menos amistades íntimas.

El antropólogo Robin Dunbar hizo un estudio a partir del análisis de diversas comunidades con el que concluyó que, dadas nuestras características, especialmente las cerebrales, el número máximo de amigos o amigas que nuestro cerebro puede mantener a la vez es de ciento cincuenta personas.

Según Dunbar, las «amistades de Facebook» no se pueden considerar como tal y para referirse a estas personas usa la nomenclatura de «contactos». Los seres humanos somos seres sociales por naturaleza. La evolución nos ha llevado a habitar con otras personas y son las relaciones sociales las que nos aportan un sentido de pertenencia. En África, en la lengua zulú hay una palabra que describe este concepto, «*Ubuntu*», que significa «soy porque somos», porque en las relaciones se encuentra la base de nuestra evolución.

Debido a mi espíritu nómada y a ciertas situaciones, viajo a menudo, lo que me permite conocer diversos países y ampliar mi círculo de personas cercanas. Teniendo en cuenta que he visitado más de treinta países y que he trabajado en el mundo social, descubrí que mis contactos de Facebook ascendían de forma vertiginosa a más de mil. Todos ellos eran personas que conocía directamente y con quienes había tenido una relación más o menos duradera.

Esta reflexión sobre la amistad y la soledad, personalmente, me llevó a tomar la decisión de reducir mi cuenta de Facebook, pasando primero a seiscientos contactos, y, después a uno, que era el mínimo para mantener la cuenta.

En este proceso, eliminé también a mi familia, pero primero les envié el siguiente texto:

«Hola familia,
Os quiero decir que os he eliminado a todos de Facebook.
Lo sé, suena fatal y es probable que esto del minimalismo se me esté yendo de las manos.
He decidido que voy a quitar de Facebook a todas aquellas personas con las que prefiero conectar por otros canales. Así que me han quedado cuatro gatos en la cuenta y cero miembros de la familia.
Espero poder hablar más con vosotros/as por aquí o por otros medios más cercanos.
Os quiero *familia*».

Algo similar me ocurre con los grupos de WhatsApp, que abandono cuando dejo una determinada ciudad. No todas las personas de mi alrededor entienden este tipo de acciones, y me acusan de desaparecer, pero... ¿de verdad estoy presente por formar parte de un grupo en el que, de vez en cuando, pongo un emoticono? No lo creo.

Estar en línea en otro espacio físico limita mi capacidad de estar presente en el lugar en el que me encuentro. Además, descubrí que, saliendo de los grupos, aunque pierdo contacto con muchas de las personas que los componen, gano profundidad con unas pocas a través de formas de comunicación más personales.

Lo mismo me ha ocurrido con otras redes sociales. Antes sabía poco de muchas personas y me daba una falsa sensación de conexión; ahora sé mucho de pocas y me siento realmente conectada a ellas.

Además, me siento mejor conmigo misma y con la gestión de mi tiempo.

A veces me preguntan:

—¿Por qué no sigues a nadie en Instagram?

Y la verdad es que no sigo a nadie porque no me sienta bien. Admiro a las personas que tienen decenas o centenares de personas a las que seguir sin que les afecte.

A veces, me acuerdo de alguien, me instalo la aplicación (no la tengo siempre instalada en el móvil) y busco a esa persona porque, generalmente, tienen el perfil público. En caso de que sea alguien con una cuenta privada, se debe a que es una persona cercana a quien normalmente puedo llamar o escribir.

Recurro a este tipo de límites para ocupar esa energía y tiempo en otras prioridades.

Recientes investigaciones indican que revisar los mensajes de Twitter, Instagram o Facebook podría causar una mayor adicción que el alcohol o el tabaco.

Igualmente, no creo que haya nada de malo con las redes sociales, siempre que se haga un uso consciente de ellas.

Tampoco creo que las opciones que te presento sean una solución para todo el mundo.

En mi caso, ha sido lo más coherente con la armonización de los ciclos de la vida, que incluyen los ciclos de las amistades: unas personas llegan, otras se van y otras se quedan de por vida.

—Entonces, ¿me propones que me quede con ciento cincuenta contactos o menos?

—No, lo que te propongo es que seas consciente de la importancia del área social de tu vida. No pretendo que renuncies a ella, al contrario, te invito a priorizarla.

—¿Cómo?

—Siendo consciente de que tu tiempo es finito. Haz una revisión, selecciona a aquellas personas que te aportan valor, dales prioridad y deja ir a las que no.

Nuestro tiempo de ocio es finito. Si en ese tiempo tengo que incluir a muchas personas, lo que ocurrirá es que quedaré un poco con unas, un poco con otras y al final, seguramente, me sentiré insatisfecha.

¿Recuerdas tu tarro? Si no pones las piedras grandes al principio, es posible que después no quepan. Puede que haya tanta arenilla que sea imposible que cuadréis agendas o incluso puede que se queden en un limbo en el que quedaréis de forma esporádica o con prisas.

Asimismo, de entre todas las personas, a la primera a la que te invito a priorizar es a ti.

Según Frieda Fromm-Reichmann, «la soledad es la carencia de intimidad». ¿Te sientes solo/a? Sentirse solo indica que necesitas recuperar conexiones e intimidad con otras personas y, añadiría, contigo.

En inglés existen dos conceptos que definen algo similar: *solitude* y *loneliness*. El primer caso, se refiere a la soledad activa, elegida, buscada...; en cambio, el segundo hace referencia a una soledad no deseada.

> Brasil, en mitad de la nada y completamente sola en una cabaña cerca de un río.
>
> ¿Sola?
>
> No, nunca me he sentido más acompañada, porque fue entonces cuando conecté con una sensación de pertenencia que nunca había sentido.
>
> Tras unos días en los que atravesé el infierno, conseguí conectar conmigo misma y disfrutar de esa soledad elegida. Después de eso, por primera vez desde que recuerdo, pude mirar al exterior y sentirme parte de la naturaleza que me rodeaba, y esa sensación de intimidad con el entorno me permitió reconocer que podría estar aislada, pero que nunca estaría sola.

En este sentido, Michael Singer explica: «Cuando te sientes solo, te preguntas qué puedes hacer con tu sensación de soledad, qué puedes hacer o decir para no sentirte tan solo. Pero date cuenta de que, de este modo, no estás buscando librarte del problema, sino protegerte de sentirlo. Buscas protegerte de tu sentimiento ya sea evitando situaciones o utilizando a personas, lugares o cosas como escudos protectores».

Esta sería la versión de la soledad de «si no eres feliz con lo que tienes, con lo que te falta tampoco», que sonaría a algo así: «Si no te sientes completa estando contigo, no te vas a sentir completa estando acompañada». Y está muy relacionado con la perspectiva sobre la felicidad que comentábamos en una ruta anterior. Para sentirte conectado/a y poder tener intimidad, primero necesitas establecer esa conexión contigo para, desde ahí, conectar con otras personas.

¿Qué puedes hacer?

- Limpieza de contactos. Algunas personas dicen que somos la media de las cinco personas con las que pasamos más tiempo. La verdad es que no sé si esto es verdad y, por un lado, me asusta un poco que podamos llegar a elegir a la gente según el salario que queremos cobrar o el peso que queremos pesar. Lo que tengo claro es que las personas con las que elegimos pasar más tiempo nos influyen, porque, de hecho, en muchos casos nos vemos reflejadas en ellas. Si tus amistades se pasan el tiempo criticando a otras, es muy posible que tú también lo hagas. Desde aquí, te invito a que seas más consciente de con quién pasas tu día a día. Haz una revisión de tus contactos del móvil, de las redes sociales e incluso del correo electrónico. Elimina todos aquellos nombres de las personas con quienes no tienes relación y quédate con aquellos contactos que te aportan valor.

- Queda con alguna de las personas que te aportan valor y cuando la veas dale un abrazo de, al menos, seis segundos. Aunque realmente no creo que haga falta que cuentes los segundos, simplemente disfruta y siente el abrazo, sin prisa.
- Identifica y establece los límites de uso que necesites en relación al uso de las redes sociales. Si quieres saber más sobre esto tengo un reto gratuito sobre minimalismo digital con veintiún vídeos que podrás encontrar en la web www.sencillezplena.com/digital.
- Deja tiempo para estar contigo y disfruta de tu soledad elegida.

¿Con quién necesitas conectar?

Respiro.

Respira.

Más no siempre es mejor.

Ruta 7

¿Cómo usas tu dinero?

«El costo de una cosa es la cantidad de vida necesaria para adquirirla».
HENRY THOREAU

Dinero. Ese tema tan presente en nuestras vidas y, al mismo tiempo, del que menos se habla de forma neutra.

Parece que las posiciones se oponen: o es la raíz de todos los males, o la solución a todos los problemas. En algunas personas es un caso; en otras, el otro; y en otras, según el momento.

Personalmente, vengo del mundo de la cooperación, lo que quiere decir que he estado en bastantes países con un PIB bajo, con mucha desigualdad y en contacto con personas que tenían pocos recursos económicos en su día a día.

Recuerdo especialmente un lugar, una isla en Senegal llamada Karabene. Sus habitantes tenían un ritmo diferente de vida. No sé cómo explicarlo, pero había algo que me cautivó, como si irradiaran felicidad.

Un día, mientras veía el atardecer sentada en la playa con un grupo de personas nativas, una de ellas me decía:

—Siempre que vienen turistas, se quieren quedar. Dicen que en su día a día no tienen tiempo para ver el atardecer, que siempre tienen prisa. Yo creo —decía—, que esto no tiene precio. Puede que no tengamos mucho dinero, pero tenemos tiempo y eso nos da la felicidad.

Aquellas palabras se me quedaron grabadas. Por aquel entonces trabajaba un número incontable de horas, incluidos algunos fines de semana, y hacía meses que no veía un atardecer.

Necesitaba un cambio.

Aquellas personas de la isla habían entendido algo que yo necesitaba aprender.

Ahí empezó mi formación sobre un aspecto que me ha obsesionado desde entonces: la felicidad.

Lo primero que valoré era la relación entre el dinero y la felicidad.

¿Hay algún tipo de relación entre estos dos aspectos?

Thomas Gilovich, un profesor de Psicología de la Universidad Cornell, ha pasado las últimas dos décadas estudiando la relación entre el dinero y la felicidad. Asegura que, aunque en un primer momento comprar cosas eleva nuestra sensación de felicidad, dicha influencia ocurre a corto plazo. Las únicas adquisiciones que tienen una influencia en la felicidad a largo plazo son las experiencias, como aprender algo nuevo o viajar.

Estos estudios han llevado al autor a encontrarse con la paradoja Easterlin, que demuestra que el dinero compra la felicidad, pero solo hasta un determinado punto. Más allá de un mínimo de capital, un mayor incremento en los ingresos no influye en nuestra felicidad.

Además, una experiencia que vives solo una vez, como un viaje, aporta más felicidad que un objeto que poseas durante un largo periodo, como un coche.

Esta relación positiva se da incluso cuando la experiencia se valora como negativa. En estos casos, aunque tenga una influencia negativa en los índices de satisfacción de la persona a corto plazo, a largo plazo se vuelve positiva. Este tipo de experiencias, vistas con distancia, se pueden transformar en anécdotas cómicas o en acontecimientos que te cambian la vida.

Lo que está claro es que si alguien no tiene para comer es muy difícil que sea feliz.

Eso sí, siempre que las necesidades básicas estén cubiertas, el PIB de un país no está directamente relacionado con la felicidad de sus habitantes.

Entonces parece que el dinero no es la causa de la felicidad, pero esto no quiere decir que sea la causa de los problemas del mundo.

En 2007, Adolf Merckle era la persona más rica de Alemania con un patrimonio de doce mil millones de dólares. En 2008 decidió entrar en la bolsa y en una mala operación especulativa perdió cerca de 700 millones. Lo curioso es que necesitaba ese dinero para pagar un préstamo y, si recuerdas, el 2008 fue el inicio de la crisis, por lo que los bancos dejaron de conceder créditos, incluso a personas con ese poder adquisitivo.

Adolf se desesperó debido a las pérdidas, porque estaba a punto de perder sus empresas, había fallado a su familia y había dejado de ser la persona más rica de Alemania, por lo que decidió suicidarse arrojándose a las vías del tren.

¿La causa de su muerte fue el dinero?

No, la causa de su muerte fue vincular su identidad con el dinero. El problema no es el dinero, sino lo que significaba para él.

Quizá veamos esta situación como muy lejana o incluso algo absurda, pero seguramente tú también has vinculado tu identidad con el dinero en más de una ocasión.

¿Usamos el dinero o es el dinero el que nos utiliza?

La gestión del dinero es un tema que me fascina. De hecho, tengo un curso sobre organización de finanzas por este motivo. Soy consciente de que cada acto de compra es un acto político y social, pues como personas consumidoras tenemos mucho más poder del que creemos.

Al mismo tiempo, sé que el dinero nos da mucha información sobre cómo están las cosas. No como nos gustarían que estuvieran o lo que se supone que priorizamos, sino de cómo están.

¿Tomas tus decisiones por dinero?

Yo siempre he sido una de esas personas que bajo la bandera del «compromiso social» primero y de la «espiritualidad» en segundo lugar decía que el dinero no era importante, pero no era más que un discurso vacío.

Me mentía.

Decía que el dinero no era importante, pero si era sincera conmigo misma, me daba cuenta de que influía mucho en mis decisiones. De hecho, en muchos casos era el elemento más importante a la hora de tomarlas.

Trabajaba muchas más horas de las que quería por un salario.

Elegía el lugar donde comer en base al precio o, incluso, las fechas para volar o el número de escalas.

No me permitía gastar dinero en esa formación que realmente me aportaría valor y buscaba opciones más baratas y, en la mayoría de los casos, más lentas e inefectivas.

Sacrificaba mi tiempo por dinero.

¿Y tú?

¿Qué es lo importante en tu vida?

Cuando me hice esta pregunta me percaté de que lo realmente importante era el tiempo, que es lo único que no podemos recuperar.

Pero no tomaba mis decisiones en relación con el tiempo, sino en relación con el dinero. Entonces, aunque quisiera engañarme, lo más importante en mi vida era el dinero.

Esto me impulsó a organizar mis finanzas para que el dinero dejase de ser el factor principal a la hora de tomar mis decisiones.

¿Y sabes qué? Lo estoy consiguiendo.

Compramos los billetes de avión con menos escalas o elegimos el lugar donde queremos vivir valorando aspectos como la luz o la comodidad.

¿Quiere decir que ya no miro el dinero?

No, lo que quiere decir es que es un elemento más, y no el principal, a la hora de tomar mis decisiones.

Lo que más me llama la atención es que la gestión del dinero es algo bastante simple.

Es fácil saber qué es lo que tenemos que hacer.

Ahorrar, tener fuentes diversificadas de ingresos, comprar de forma consciente, gastar menos de lo que ingresamos, evitar las deudas, reducir los pasivos y aumentar los activos, invertir aprovechando el interés compuesto...

¿Por qué no lo hacemos?

¿Es por nuestras circunstancias?

No.

No es porque cobres cierta cantidad.

No es porque tu pareja cobre o no cobre.

No es porque tus hijos/as...

¿Por qué es?

Porque no tomamos nuestras decisiones de forma racional, sino de forma emocional.

Quizá has hecho un programa para mejorar tu alimentación, pero llegas a casa tarde de trabajar y estás cansada/o.

Entonces tu cabeza te dice:

«Con lo bien que llevas la dieta, lo duro que has trabajado... te lo mereces, solo es un día.»

Entonces, llamas y pides una *pizza*.

Al día siguiente, otra cosa.

Un par de días más tarde, otra.

Cuando te quieres dar cuenta, has vuelto a tus hábitos de antes.

No basta con saber. En realidad, saber no sirve de nada. Puedes leer todos los libros sobre finanzas que existen y que no cambie nada.

Esto me pasó a mí.

Yo ya sabía, pero mis resultados no lo reflejaban.

¿Por qué?

Porque no es cuestión de circunstancias, ni siquiera de conocimiento, es cuestión de decisiones.

De hecho, yendo un paso más allá, diría que es cuestión de amor. Amor hacia ti y amor hacia el planeta.

¿Cómo?

Lucía, ¿qué estás diciendo? ¿Cómo va a ser la organización de las finanzas una cuestión de amor por el planeta?

Solo creo que, si tomamos decisiones más allá del yo, tomamos mejores decisiones.

Mira.

Una de las cosas de las que me he dado cuenta es que muchas veces, cuando tomamos decisiones que después no son coherentes, y aunque pueda parecer ilógico, es cuando tenemos una visión limitada en el yo.

Me explico.

Hay una campaña de *marketing* que te invita a comprar una crema X que teóricamente hace magia en la piel o decides comprarte un producto Y «porque yo lo valgo» o cuando salió la cafetera de cápsulas Z… Hablo de cosas que en el fondo no necesitas, pero te las venden muy bien y tú crees que es algo que haces por ti.

Si tienes la visión en el yo es muy probable que lo compres, a no ser que aplaces la compra y mires más allá, como veíamos en una ruta anterior.

Pero ¿qué pasaría si sometemos la compra a criterios que hacen referencia al planeta?

¿Este producto X es bueno para el planeta? ¿Este producto Y fomenta la creación del mundo en el que creo?

Desde el yo es posible «equivocarse»; desde el planeta es muy sencillo tomar decisiones coherentes en relación con nuestro dinero.

Aunque, como en todo, hay excepciones. Desde mi punto de vista es sano que las haya, ya que no buscamos la perfección. Lo cierto es que elegir desde el nosotros/as, con visión en el planeta, es una gran baza para calibrar en qué invertir el dinero.

Y ¿sabes lo más curioso?

Que cuando elegimos con relación al planeta, en la mayoría de los casos también estás tomando la mejor decisión para ti.

Entonces, ¿el dinero es bueno o malo?

El dinero es simplemente una herramienta, no es ni bueno ni malo. Tiene la capacidad de construir y de destruir dependiendo de la intención de la persona que lo usa.

Lo que está claro es que, una vez cubiertas las necesidades básicas, tener más o menos dinero no te hará más o menos feliz.

No por tener más serás implícitamente más feliz, y no por tener menos serás implícitamente menos feliz.

Pero ¿tener dinero no es lo contrario a ser minimalista?

Creo que el minimalismo no consiste en vivir una vida de renuncia, sufrimiento o escasez, sino una vida de prioridades que, en muchos casos, está conectada con el propósito y la abundancia.

Al iniciar mi camino en el minimalismo es cierto que ahorré en gastos, motivo por el cual uno de los beneficios que me aportaba esta filosofía era el ahorro, pero lo cierto es que, con el tiempo, este ahorro se redujo y, de nuevo, hubo un aumento en mis gastos.

¿Por qué?

Porque llegado ese momento en el proceso tuve que hacer compras, y la búsqueda de opciones coherentes, en muchos casos, implicó un aumento en algunos de mis gastos.

¿Quieres decir que todas las personas gastan más por el hecho de ser minimalistas?

No. De hecho, normalmente se produce un ahorro generalizado. Lo que quiero decir es que no eres más o menos minimalista por gastar más o menos. La cuestión no es cuánto gastas, sino en qué lo gastas.

Desde aquí, no creo que el minimalismo sea gastar más o gastar menos, creo que el minimalismo es, simplemente, gastar mejor.

Y ¿cómo se hace eso?

Lo primero que recomiendo es llevar un control de ingresos y de gastos para ser conscientes de la realidad.

Personalmente, siempre he creído que soy una persona que lleva una vida sana, con una dieta sana. Cuando hice el control de ingresos y de gastos, fui consciente de que, con una visión anual, gastaba más dinero en desayunar un café con tostadas que en comprar fruta o verdura.

Esto me dio una dosis de realidad que fue como un jarro de agua fría.

«¿Yo? Imposible».

Eso era lo que decían mis cuentas.

Esto, además, se apoya en un concepto muy importante que es el «Efecto Latte», es decir, que de forma natural tenemos pequeños gastos que suponen grandes sumas a largo plazo.

Por ejemplo, no nos importa gastarnos uno o dos euros al día, pero nos cuesta tomar una decisión de una formación que cuesta 600 €.

Esther está haciendo mi curso sobre finanzas y me dice que no llega a fin de mes. Le aumentaron el salario el mes pasado, pero ni aun así lo consigue y suele tirar de tarjeta de crédito. Esta deuda es lo primero que tiene que pagar al mes siguiente, por lo que la situación se repite.

—Tampoco quiero renunciar a mi vida —me decía—, tengo miedo de no poder permitirme algunas cosas que para mí son importantes.

Seis semanas más tarde, en mitad del proceso, me escribió:

«Lucía, no te lo vas a creer, pero este mes es el primero en el que hemos llegado a fin de mes. Además —me comentaba—, ya tengo un presupuesto y un plan para hacer la reforma de la terraza, un sueño que llevaba años aplazando».

Muchas veces creemos que la solución a nuestros problemas financieros es un aumento de los ingresos, pero lo cierto es que este no suele ser el motivo real. La falta de organización es la razón principal y su base son nuestras decisiones a la hora de generar ingresos y a la hora de gastar.

Recuerda que siempre es mejor tomar decisiones en relación con el planeta y cuestionarnos.

Igualmente, te recuerdo que, incluso con las finanzas, menos con más sentido es mejor.

¿Cómo usas la energía del dinero?

Respiro.

Respira.

No eres tu dinero.

Tener

Manos a la obra

Aquí te presento una propuesta de plan de acción en relación al verbo tener.

Quizá te estés preguntando por dónde empiezo, qué puedo hacer yo.

Aquí comparto algunas claves que te pueden servir para pasar a la acción en relación con tu casa.

María contactó conmigo porque quería ordenar su casa.

Cuando llegamos a su salón estaba avergonzada y me dijo que necesitaba que viera la situación a la que había llegado.

Cuando accedí al espacio, vi que se podía considerar un desastre, como ella decía, pero hace tiempo que comprendí que los caos generales no existen, sino que son la suma de pequeños desórdenes.

Así que le propuse que hiciéramos el camino a la inversa.

¿Qué era la último que se había desordenado?

Las tazas en la mesa porque, como había cosas delante, no las había podido guardar en su sitio.

¿Y antes de eso?

La ropa que estaba en la silla.

¿Y antes de eso?

De este modo, poco a poco, pudimos volver atrás para ver el origen del «caos» y lo que comprobamos es que una situación de desorden total no es más ni menos que la suma de muchos microdesórdenes. Si somos capaces de actuar con los microdesórdenes evitamos el desorden total.

Esto me permitió instaurar la regla de los dos minutos que sirve tanto para la casa como para acciones de nuestro día a día.

Esta regla es muy sencilla y dice así: si hay algo que vas a tardar menos de dos minutos en ordenar, no aplaces la acción.

Si al llegar a casa tardas menos de dos minutos en poner la chaqueta en su sitio, no lo aplaces, hazlo en el momento.

A nuestro cerebro no le cuesta hacer diez cosas de dos minutos cada una, es muy difícil que hacer algo que tardas dos minutos te dé pereza. En cambio, si tienes que recoger diez cosas en veinte minutos, ahí la cosa cambia.

Además, el desorden llama al desorden.

Un estudio demostró que cuando dejaban un coche abandonado durante un periodo largo de tiempo en una calle, normalmente no ocurría nada. Si, en cambio, ese coche tenía los cristales rotos, entonces lo desvalijaban. A esto se le llama la teoría de los cristales rotos y yo he comprobado que también pasa en las casas. Cuando la casa está en orden, es mucho más sencillo mantener el orden; cuando la casa está desordenada, es mucho más sencillo desordenar.

Cuando hago los procesos de revisión con la gente, en la primera parte, siempre invito a las personas a informar del proceso al resto de la unidad familiar, y acepto si alguien se quiere sumar, pero sin coaccionar u obligar. En la mayoría de los casos, cuando se hace una revisión de un espacio, aunque no se haya mencionado específicamente la importancia de mantenerlo ordenado, el resto de las personas de la casa de forma natural lo mantienen. ¿Por qué? Porque el orden llama al orden. Igualmente, esto tiene excepciones con los niños y las niñas más pequeños y cuando en la casa no hay rituales de limpieza y acuerdos de convivencia consensuados.

Hace tiempo leía un pequeño cuento que he adaptado para representar esta situación.

—¿Cuánto pesa un copo de nieve? —preguntó un colibrí a un águila.

—Casi nada —contestó el águila.

Entonces el colibrí le contó esta historia: «Un día, estando aquí mismo, empezó a nevar. No era una ventisca, sino una de esas nevadas suaves. Los copos caían lentos y de forma delicada sobre ese mismo árbol que tenemos enfrente. El águila observaba con atención al pequeño colibrí que tanto le había enseñado.

—Ese día empecé a contar, uno a uno, los copos que caían sobre una de esas ramas. El número exacto fue 347 356. Cuando el copo 347 357 se posó sobre los demás, la rama se rompió. Y fíjate que cada copo no pesaba «casi nada».

Lo mismo ocurre con esos pequeños microdesórdenes que se van acumulando.

Así que te invito a que instaures en tu día a día y especialmente en tu casa esta sencilla regla de los dos minutos. Si tardas dos minutos o menos en ordenar una cosa, hazlo en el momento, no lo aplaces.

Igualmente, hay otro factor que influye directamente en el desorden: el exceso de cosas.

Por ello, además de instaurar esta sencilla regla, también me gustaría proponerte pasar a la acción revisando ese espacio.

Para ello te voy a presentar el método ISETE, que es la propuesta que planteo en mis acompañamientos. Este método bebe especialmente de cuatro fuentes:

1. Los métodos de revisión, especialmente los diversos métodos vinculados con el minimalismo, el método de Marie Kondo, Danshari o el Feng Shui.

2. La perspectiva de que nuestro mundo exterior es un reflejo de nuestro mundo interior y de que cada desorden esconde un aprendizaje.
3. Mi experiencia y formación en educación y el acompañamiento en los procesos de cambio.
4. Los aprendizajes de haber acompañado a cientos de personas a organizar sus casas para organizar sus vidas.

Empecemos.

I - Imagina

Esta primera fase es el momento de imaginar cómo nos gustaría que estuviera. Podemos abrir o cerrar los ojos para visualizar. Es muy importante conectar con la sensación que querremos sentir cuando el proceso haya acabado y nos permitamos sentirla en el presente.

Si yo me quiero sentir en paz al entrar en ese espacio, entonces conectaré con esa sensación y la sentiré como si la estuviera viviendo ahora.

Para algunas personas es más sencillo hacerlo con los ojos abiertos mientras que para otras, en cambio, facilita hacerlo con los ojos cerrados.

Si es tu primera vez prueba y observa qué te facilita el proceso.

Esta sensación, que es lo que para ti significa la armonía o el orden en relación a ese espacio o a esa categoría, es lo que guiará tu proceso.

No subestimes el poder de la I y dedícale tiempo porque es aquí cuando conectamos con el para qué, que es el faro que guiará tu camino.

S - Saca todo

Limpia el suelo del lugar donde vayas a estar y saca todo posicionando los objetos mientras que los agrupas por categorías en el suelo.

La invitación en esta fase, con todo vacío, es a pasar un trapo con agua por las superficies de los espacios de almacenaje.

Este paso te permite, por un lado, asegurarte de que no te has dejado ningún espacio sin vaciar y, por otro, conectar con el espacio que tienes y agradecer su existencia.

Tener esta visión general del espacio te facilitará reconocer el lugar más adecuado para cada cosa una vez terminado el proceso de revisión. Es posible que la forma en la que tienes actualmente los objetos posicionados no sea la más adecuada y este contacto te permita abrirte a una posibilidad de cambio. Esto se debe a que sentirás la profundidad de los cajones, la altura de las baldas...

E - Elige qué se queda y qué se va

Para esto necesitarás al menos tres bolsas de basura.

Es mejor si son bolsas opacas y grandes. No te preocupes, no todo se va a tirar.

A. Bolsa de donaciones, regalos o venta: cosas en buenas condiciones que otras personas pueden aprovechar.
B. Reciclaje: objetos que se pueden reciclar, como papel, plástico...
C. Basura: cualquier cosa que no sea reutilizable o que esté dañada y no se pueda arreglar.

Música: la música tiene el poder de influir en nuestro estado de ánimo. Elige canciones que te hagan sentir bien. Nadie dijo que no puedas bailar y cantar mientras revisas, de hecho, puede ser recomendable. Igualmente, esto es algo opcional, sobre todo si hay mucho ruido mental puede ser más beneficioso hacer la revisión en silencio.

Como ya tienes los objetos divididos por categorías, te invito a identificar de cada categoría cuáles son esos elementos que te encantan. Una vez identificados, puedes tomar las decisiones en relación al resto.

Si tienes dudas, recuerda escuchar a tu cuerpo más allá de lo que diga la mente, sobre todo si entra en el discurso de la maldición del 33. Si empiezas a decirte «por si acaso» o «me sabe mal», agradece a tu mente por participar mientras pones el foco en tu cuerpo.

¿Mi cuerpo se abre o se cierra?

¿Me acerco o me alejo del objeto?

¿Sonrío o estoy seria?

Recuerda que la revisión se hace siempre con el foco puesto en el presente. Puede que te aportase valor hace diez años, pero ¿te aporta valor ahora? ¿Te inspira felicidad? ¿Lo necesitas?

Lo cierto es que, aunque pueda parecer que lo que hacemos es dejar ir, la realidad es que simplemente dejamos espacio para conectar con esa sensación que guía el proceso, para esos objetos que te aportan valor y para ese orden que te mereces.

T - Toque de armonía

Recolocamos los objetos en el espacio. Es importante dejar más a mano los que más necesitas y eliminar el ruido visual que produce el exceso de objetos a la vista. Cuando reducimos este ruido, la sensación de armonía aumenta a la par que se facilitan los procesos de limpieza.

El ruido visual es como una capa de nubes que nos impide ver el sol, es como un zumbido que nos impide escuchar el silencio de la armonía. Cuando eliminamos el exceso de nubes podemos conectar con un sol que ya está ahí; el orden o la armonía no es algo que creamos, es algo que descubrimos cuando dejamos espacio.

No es lo mismo una encimera en la cocina que tiene una tostadora, la batidora, la freidora y la cafetera que una encimera que únicamente tiene una cafetera.

¿En cuál de las dos vas a tener más ganas de cocinar? Cuando eliminamos el ruido visual también permitimos y facilitamos que el espacio cumpla la función para la que se creó.

Una de las claves principales del Feng Shui es dejar espacio y una de las reglas que yo suelo compartir en este sentido es no llenes los cajones, estantes… a más del 70 por ciento de su capacidad. Así nos aseguramos de que de forma física y de forma figurada hay lugar en nuestra vida para que aquellas cosas que están alineadas con nuestra vibración en el presente lleguen y tengan espacio.

Las personas somos seres vibratorios y los objetos también lo son. Cuando retengo en el espacio objetos que no son coherentes con mi vibración actual, de alguna forma, no solo limito mi evolución, sino que impido que lleguen aquellos que sí están alineados y que fomentan y reflejan mi mejor versión.

E - Escribe

Escribe aquello que llegue. Escribe aquello que has encontrado. Seguramente recibas información no solo en relación al espacio o categorías que estás revisando, sino también en relación a tu vida.

Si tienes duplicados que no necesitas, si has comprado cosas que no te aportan valor solo porque estaban de oferta, si hay objetos que llevas mucho tiempo queriendo usar pero que no han sido una prioridad... es posible que todo esto también te pase en otras áreas de tu vida.

Cuando descubres el regalo del desorden en este ámbito más físico, te abres a descubrir y a aplicar ese mismo aprendizaje en las otras áreas.

Para, de este modo, crear ese orden fuera que es un reflejo del orden interior.

¡Ah! Y recuerda dejar ir las bolsas lo antes posible, porque hasta que las bolsas no salgan, el proceso no habrá terminado.

En mis acompañamientos invito a las personas a hacer una foto del antes y el después. Si te animas y quieres, te invito a compartirla. Envíamela por correo electrónico a info@sencillezplena.com o etiquétame con el *hashtag* #EsenciaMinimalista. Al compartir estas fotos, reconocemos nuestro proceso, lo celebramos e inspiramos a otras personas a conectar con la esencia del orden.

Unidades familiares

Cuando hablamos de casas, la verdad es que hablamos de unidades familiares. En algunos casos todos los miembros de una unidad familiar están implicados en la creación de una casa en armonía; en otros casos, no.

Lara estaba desesperada. Su pareja es artista y se dedica a recoger objetos que a ella le parecen basura porque quizá le puedan servir en algún momento. En los primeros encuentros, se quejaba de él, creía que su pareja era la causa del desorden en casa.

Lo que Lara no sabía es que estaba haciendo una cesión de poder. Si creo que el desorden es culpa suya, entonces estoy entregando la posibilidad de crear orden porque no depende de mí, depende de alguien externo a mí y, como ya sabemos, podemos inspirar a las personas, pero no podemos cambiarlas.

Lara, pon el foco en ti, le dije. Hasta que no lleguemos a la etapa en la que tratemos la comunicación en el hogar, pon el foco en aquellos objetos cuya decisión depende de ti.

Cuando llegamos a la ropa, me escribió un correo en el que, por primera vez, no me hablaba de él. Había terminado la revisión de su ropa y, de forma natural había creado un armario cápsula con el proyecto 333, estaba encantada. Por fin, después de tantos años, había encontrado su estilo, que estaba escondido en su propio armario.

Dos días más tarde me mandó otro correo.

«No te lo vas a creer» era el asunto.

«Mi pareja, al darse cuenta de lo bien que me siento conmigo misma, me ha pedido ayuda. Quiere que le ayude a organizar su armario.

«Estoy fascinada».

No podemos cambiar a las personas, podemos inspirarlas; lo que más inspira no suelen ser nuestras palabras, sino nuestra energía.

Es curioso porque esto se repite con cada unidad familiar, cuando ella finalmente dejó de poner el foco en él y se permitió regalarse el proceso. Le dejó espacio y, desde aquí, él, de forma natural, eligió acercarse justo cuando Lara ya no lo necesitaba, porque había reconocido que su orden dependía de ella.

De hecho, cuando hablamos de armonía en la casa no solamente hablamos de cantidad o de organización de los objetos, sino que también hablamos de la calidad de las relaciones dentro de la unidad familiar.

Este es un tema muy complejo y, por supuesto, el objetivo de estas líneas no es dar respuestas a las distintas idiosincrasias que se dan dentro de las diversas unidades familiares. Simplemente pretendo ofrecer una pequeña muestra del poder de la esencia minimalista.

Si quieres ir un paso más allá, dentro de la web www.sencillezplena.com tienes el reto gratuito casa única. Además, si ya eres organizadora profesional, acompañas a procesos de minimalismo o eres *coach* del orden también tienes opciones para formar parte de una comunidad y crecer conjuntamente.

Mi propósito es volver a la esencia generando orden dentro y fuera porque creo que, como dice el proverbio chino,

> «si hay luz en el alma habrá belleza en la persona, si hay belleza en la persona habrá armonía en la casa, si hay armonía en la casa habrá orden en la nación, si hay orden en la nación habrá paz en el mundo».

Tercera parte:

El verbo hacer

Yo hago
Tú haces
Él o ella hace
Nosotros o nosotras hacemos
Vosotros o vosotras hacéis
Ellos o ellas hacen

«Muy poco es necesario para tener una vida feliz.
Está todo dentro de ti, en tu forma de pensar».
MARCO AURELIO

Ruta 8

¿Quién nos ha robado el tiempo?

«Para vivir hay que tener libertad, y para tener libertad hay que tener tiempo. Si me preocupo mucho de los cacharros, de la casa grande, del servicio…, no tengo tiempo. Y si tengo mucha plata me tendré que preocupar de que no me roben. Prefiero tener el mayor margen de tiempo disponible para hacer lo que a mí me gusta, y eso es la libertad. Soy libre cuando hago con mi tiempo lo que a mí me gusta, me motiva. Entonces, soy sobrio, para tener tiempo. Cuando tú compras con plata, no estás comprando con plata, estás comprando con el tiempo de tu vida que gastaste para ganar esa plata. Y lo único que no se compra en la tierra es la vida».

José Mujica

En mis conferencias suelo decir que las personas tendemos a acumular y que el minimalismo simplemente ofrece una respuesta que aplaca esa tendencia.

—Yo no tengo tendencia a acumular —me dijo una vez una persona.

—¿De verdad? —le pregunté.

—Sí —me confesó—, lo cierto es que tengo pocas cosas en mi casa.

Quizá estaba equivocada y acababa de encontrar la excepción a la regla.

—¿Te sobra tiempo? —le pregunté.

—¿Cómo? —me respondió.

—Que si te sobra tiempo.

—¿Qué tiene que ver eso? Claro que no. A nadie le sobra el tiempo —puntualizó.

—Entonces, tienes tendencia a acumular.

La tendencia a acumular va más allá de nuestras pertenencias. Puede que acumulemos amistades, actividades, o incluso pensamientos en la cabeza…

Por este motivo, *Esencia minimalista* tiene esta estructura, y en esta ruta empezamos por la parte menos tangible: el tiempo.

Quizá haya alguien sin esta tendencia. Me imagino a un monje budista que vive en total armonía consigo mismo y con la naturaleza. Si es así, seguramente ni siquiera necesite el minimalismo porque es algo que lleva en la sangre, no algo que necesita integrar, aprender o tan siquiera nombrar.

Te aseguro que esta tendencia está presente en mí y también en las personas que encuentro. Nos hemos robado nuestro propio tiempo, pero podemos recuperarlo.

En griego existen dos palabras para hablar del tiempo: *cronos* y *kairos*. La primera hace referencia al tiempo cronológico, mientras que la segunda se refiere al momento en el que algo importante sucede.

No uses «no tengo tiempo» como excusa, incluso aunque esté socialmente aceptado. En el fondo, no es cuestión de falta de tiempo, sino cuestión de prioridades.

¿Trabajas miles de horas fuera y dentro de casa? Si es así, te preguntaría: ¿realmente quieres cambiar esta situación? Entonces, crea alternativas. Si decides no hacerlo, tienes dos opciones: aceptar tu situación o sufrir. Siento ser tan directa, pero es lo que necesito recordarnos.

Si preguntas a cualquier persona que veas en la calle, es común que te digan que les falta tiempo, que no tienen tiempo o que están estresadas. Estas afirmaciones ya no se concentran en un periodo específico del año, sino que se manifiestan en cualquier momento, incluso a la vuelta de las vacaciones.

En comparación con nuestras madres o padres, llevamos una vida mucho más activa en la que combinamos las partes social, personal, laboral y el aprendizaje continuo. Pero, aun así, nunca nos parece suficiente.

El mundo nos brinda posibilidades infinitas nunca imaginadas. Sin embargo, esto puede ser una limitación porque nos hace creer que «deberíamos hacer más y más». Desde aquí, el tiempo cuantitativo, *cronos*, es escaso y se nos escapa entre los dedos, mientras que renunciamos al tiempo cualitativo, *kairos*, y dejamos de disfrutar. Estoy aquí, pero una parte de mí está pensando en lo que viene después. Lo más triste es que, en el fondo, sabemos que nunca será suficiente y que por mucho que nos esforcemos, esta carrera es infinita y no la podemos ganar.

Debido a esto, llevamos una vida en la que trabajamos dentro y fuera de casa, tenemos una vida social, cultural, familiar y personal, a la que debemos añadir las actividades lúdicas y deportivas. Y durante las vacaciones no descansamos, sino que emprendemos alguna aventura interesante preferiblemente con actividades incorporadas. Así, saltamos de una actividad a otra sin darnos el tiempo suficiente para asimilar lo que estamos haciendo, sin dejarnos el tiempo suficiente para que nuestro cuerpo se adapte y, como siempre, nos quedamos con la sensación de que llegamos tarde y de que nos falta tiempo.

¿Cómo sé esto?

Porque durante un largo periodo de mi vida, también me he robado tiempo. Trabajando, con una vida social activa con distintos grupos, haciendo acto de presencia en redes, haciendo ese curso tan interesante, apuntándome a alguna actividad extra como baile o lo que fuera. Y cada vez que pensaba en la agenda al principio del día, me sentía sin energía.

El problema no es saltar de una actividad a otra; el problema reside en creer que tienes que hacerlo.

Pero no. El objetivo no es no hacer nada, sino ocupar el tiempo de forma eficiente siendo consciente de las horas que tiene el día y concretando los compromisos con relación a las prioridades.

Para que esto sea más sencillo, te presento dos síndromes que necesitarás evitar.

El síndrome del «sí fácil»

Este síndrome está vinculado inconscientemente con la incapacidad para decir que no. Así, la receta para su cura es el compromiso. Si te comprometes a todo y todo lo tienes que llevar a cabo, existen dos opciones posibles: o te obligas a decir que no o enfermas debido al estrés y tu cuerpo te obliga a decir que no. Espero que no llegues a esta segunda opción. Decir «no» a tiempo puede ayudar a tu salud tanto física como mental, emocional y espiritual.

Muchas veces nos comprometemos de forma semiautomática. Alguien te propone algo y te escuchas diciendo «sí» casi sin pensar. Pero espera un momento: ¿seguro que te aporta algún valor?

Te propongo la clave para disfrutar de una vida placentera, evitando aquellos compromisos que sean incoherentes contigo: déjate tiempo para responder. No lo hagas de forma automática. Date un tiempo para pensar la pregunta y sentir la respuesta. Cierra los ojos y respira antes de contestar. Aunque tu mente tenga el «sí rápido», espera. ¿Qué dice tu cuerpo al respecto? Escúchate.

Si al principio sientes una cierta incomodidad al decir que no, simplemente aplaza la respuesta. Olvida deliberadamente tu agenda y apunta la necesidad de responder más tarde porque tienes que consultarlo.

Pero cuidado con las patologías relacionadas con esto.

Atención: Podría ocurrir que la receta sirva para enmascarar el síndrome del perezoso, que es aún más peligroso que el síndrome del «sí fácil».

El síndrome del perezoso

Se trata de un síndrome altamente contagioso con el que priorizamos aquellas actividades que no nos aportan valor pero que identificamos como premios.

> Ejemplo de persona que padece este síndrome: «No, no puedo ir a la reunión o a la charla o a la conferencia
> ....
> ....
> (rellenar con la actividad que se desee)
> porque no tengo tiempo». Y, en su lugar, se queda en casa viendo la televisión o navegando por internet.

Si esta situación se repite en tu vida con cierta asiduidad, es probable que padezcas el síndrome del perezoso.

Este síndrome, cuyo nombre he inventado, es aún más peligroso que el anterior porque ejerce un efecto de autosabotaje. Así, se dejan de lado actividades que añaden valor a nuestra vida y se reemplazan por meros distractores.

¿Qué se esconde detrás de este síndrome?

El miedo.

Sí, el miedo. Las personas que padecen este síndrome se esconden detrás de excusas con las que justifican la ausencia total o parcial de actividades de valor, porque estas últimas les obligan a salir de su zona de confort.

Cuando salimos de dicha zona, entramos en la zona de aprendizaje, un terreno que no conocemos, por lo que nuestro cerebro, que busca nuestra supervivencia, pretenderá convencernos de que es mejor que nos quedemos en «un lugar seguro».

Aquí se forma una paradoja porque muchas veces se dice: «No, no voy porque estoy muy cansado/a, me marcho a casa y me acuesto temprano». Y al final acabas viendo una película, navegando por internet o haciendo otra cosa que te lleva a acostarte mucho más tarde de lo que lo habrías hecho si hubieras salido.

De todas formas, es importante matizar que una actividad que añade valor a tu vida no tiene por qué ser una actividad productiva. De hecho, algo que añade valor a tu vida si pasas por un momento de estrés puede ser meditar o no hacer nada, lo cual puede suponer todo un reto. La actividad concreta dependerá de la persona y de su situación.

Claves para tratar el síndrome del perezoso:

- Sé consciente de que lo padeces.
- Reírse. Realmente no es tan grave y es fácil autodiagnosticarse. De nada nos sirve lamentarnos de nuestra tendencia o sentirnos mal al respecto.

- Fuérzate a realizar aquellas actividades que te aportan valor y que te hacen bien.
- Comprométete contigo y cumple con tu palabra.

Presta atención porque tanto el síndrome del «sí fácil», como el del perezoso son altamente contagiosos. Además, pueden ser muy perjudiciales para tu desarrollo personal y para vivir una vida plena.

Y recuerda: no eres un ser lineal. Habrá momentos en los que de verdad querrás estar en casa sin hacer nada. No hay ningún problema con esto, siempre que sea una decisión tomada desde el amor propio y no desde el miedo a algo que estás evitando. No es tan importante lo que haces, sino desde dónde lo haces.

Si no eliges tus prioridades, alguien lo hará por ti.

Recuerdo el momento concreto porque recuerdo la sensación.

Acababa de revisar mi correo. Tenía un par de propuestas pendientes de responder: Antonio me consultaba cuándo íbamos a Italia a visitar a la familia y había tomado la decisión de no aplazarlo más, quería empezar alguna actividad física de mayor continuidad.

En ese momento, con el correo todavía abierto, Antonio frente a mí con la página web de la compañía aérea y mi agenda abiertas encima de la mesa, lo sentí.

«Ya está, no puedo y no quiero llegar a todo».

Esa decisión, que simplemente fue una afirmación mental, fue liberadora.

Desde allí miré con cariño la agenda, que ya no me parecía una prisión de alta seguridad que limitaba mi movimiento, sino un símbolo de mi tiempo y de mi energía.

Decidí decir que no a todas las propuestas de conferencias y participaciones menos a una, decidí que Antonio y el peque irían antes a Italia y yo llegaría unos días más tarde y decidí que volvería a correr.

Mi lista de tareas nunca ha estado a cero, de hecho, cuanto más intento que así sea, menos lo consigo.

Así que simplemente asumí que esto no sería posible y que habría cosas que se quedarían por el camino, mientras que otras tendrían que cambiar.

Al empezar con esto, fui consciente de que había tareas que dependían de mí o que salían de mí y que había otras que salían de fuera.

¿Qué significa esto?

Pues que hay cosas que nos mueven desde dentro. Aquí encontramos actividades o propuestas vinculadas a aquello que nos hace brillar, a nuestros sueños o que nos reconectan. Mientras que hay otras que se mueven desde fuera, que simbolizan aquello que se espera de ti o que crees que se espera de ti.

Este matiz es importante. De hecho, creo que nos lo voy a repetir. Hay cosas que se esperan de ti o que crees que se esperan de ti.

Cada persona vive bajo determinadas circunstancias y, dentro de ellas, hay cierto margen de maniobra.

Por ejemplo, si tus hijos/as van al colegio, posiblemente tendrás la opción de escoger entre si comen en el comedor o no, pero no elegirás el horario que quieras, te adaptarás a las opciones que te ofrece el centro. A no ser que busques un centro en el que te ofrezcan esa posibilidad.

A priori, en este ejemplo, parece que la decisión depende de ti.

Pero ¿qué ocurre cuando no es así?

Si la familia de mi pareja vive en otro país y la abuela no puede viajar, pero queremos que vea a su nieto, nos desplazaremos.

Si nuestra intención es ir tres veces al año, y para ella no es suficiente, aquí tenemos cuatro opciones:

Aumentar la cantidad de veces que la visitamos y:

1. Estar felices con esta elección.
2. Estar infelices con esta elección porque querríamos visitar otro lugar o hacer otras cosas.

No aumentar el número de visitas que hacemos y:

3. Estar felices con esta elección.
4. Estar infelices porque nos apena no estar más presentes.

¿Cuál es la diferencia entre unas y otras?

Unas nos hacen sufrir y las otras no. No es tan importante aquello que decidimos, en este caso si aumentamos o no el número de visitas, sino desde dónde tomamos la decisión.

Aquí hablamos de dos motivaciones: las intrínsecas y las extrínsecas.

En las primeras opciones, nos alineamos con lo que nace de dentro mientras que, en las segundas, no. Lo veremos en detalle en la ruta de las relaciones, pero ya te adelanto que no podemos cambiar a las personas. No depende de mí que la abuela acepte la decisión. Quizá vaya cuatro veces al año y no sea suficiente o quizá vaya seis y siga sin serlo. La felicidad de la abuela no depende de mí, sino de ella. De hecho, ella tiene las mismas cuatro opciones:

Si aumentamos la cantidad de veces que vamos a visitarla, tiene dos opciones:

1. Estar feliz porque hemos incrementado el número de visitas.
2. Estar infeliz porque, aunque hemos aumentado el número de visitas, no son suficientes.

Si no aumentamos el número de visitas que hacemos, encontramos otras dos alternativas:

3. Estar feliz porque, aunque no aumentamos el número de visitas, ve a su nieto tres veces al año.
4. Estar infeliz porque no la visitamos más.

La felicidad de ....

(pon aquí el nombre de la persona cercana que sientas)

no depende de ti.

Esto también se aplica al revés porque, en algunos casos, tenemos el papel de «la abuela» en relación con las personas que nos rodean y sobre quienes depositamos nuestras expectativas.

Recuerda, el objetivo aquí no es decir que no a personas, situaciones o propuestas, sino, simplemente, priorizar. Para esto, debes tener claros los riesgos del síndrome del sí fácil y del síndrome del perezoso, además de saber que la felicidad de otras personas no depende de ti. Por eso, te invito a elegir esas opciones que te conectan con la tuya.

Respiro.

Respira.

No eres lo que haces.

Ruta 9

El poder de lo importante

«Como siempre: lo urgente no deja tiempo para lo importante».
MAFALDA, QUINO

«La clave no es priorizar tu agenda, sino programar tus prioridades».
STEPHEN COVEY

José Luis me escribe porque se siente vacío. Lleva toda la vida con el mismo empleo, al que dedica muchas horas, y siente que la vida se le escapa, que se limita a hacer las cosas que se esperan de él y está cansado.

—Lucía, vivo el día de la marmota en el bar —me dice—. Me gusta la clientela, pero siempre es lo mismo, las mismas historias. No solo ofrezco cafés, también ayuda y un hombro sobre el que llorar. Intento aparentar que estoy bien, pero, en realidad, me siento vacío.

—¿Qué harías si el dinero no fuera importante? —le pregunto.

—¿Sabes qué es lo curioso? —me dijo—. Quizá seguiría trabajando, pero menos horas y me dedicaría más tiempo a mí.

—¿Cómo te dedicarías tiempo?

—Pasaría más tiempo con mis hijas, cuidaría mi alimentación, mi apariencia y buscaría tiempo para escribir, algo que me encanta.

—Acabas de identificar lo importante y prioritario, pero no urgente en tu vida —le dije yo.

—¿A qué te refieres? —me preguntó—. Trabajar también es importante para mí.

—Por supuesto. Trabajar es importante y urgente. Es algo de lo que no puedes prescindir, por ahora.

—Claro que no. Necesitamos el sueldo.

—Lo que quiero decir es que es muy posible que no te olvides de trabajar o que sea algo que no falte en tu vida.

—Claro. A excepción de los días de vacaciones, el resto del año estoy allí.

—Eso es porque es algo urgente. En esta categoría también entran los imprevistos como que de repente te llamen del instituto de una de tus hijas y tengas que ir a recogerla, que debas presentar la declaración de la renta o simplemente pasar una revisión al coche.

Hay determinadas cosas que anotamos en la agenda, muchas veces repentinamente, y no se pueden aplazar. Las llamaremos urgentes.

Por otro lado, hay otras cosas que, aunque son prioritarias, se pueden posponer. Estas son las «simplemente» importantes y también son, en muchos casos, las que entran en la lista de «algún día», que esconde muchos de nuestros sueños, que aplazamos año tras año a la espera de tener tiempo algún día para cumplirlos.

Pero ese día nunca llega porque siempre surgen cosas más urgentes.

La ley de eficiencia obligada dice que «nunca hay tiempo suficiente para hacer todo, pero siempre hay tiempo para hacer lo más importante». En otras palabras, nunca nos vamos a poner al día.

Esa lista de tareas siempre será infinita, pero tener la certeza puede ser esclarecedor, porque libera la presión y, entonces, dejamos espacio para las cosas importantes.

¿Cómo?

Aplica la ley de Pareto.

El economista italiano Vilfredo Pareto descubrió un principio que demuestra que el 80 por ciento de los resultados se deben al 20 por ciento de las causas.

Este principio se aplica a cualquier ámbito de la vida. El 20 por ciento de los clientes de una empresa suponen el 80 por ciento de la facturación, por tanto, se podría decir que el 20 por ciento de nuestras decisiones son responsables del 80 por ciento de nuestra felicidad.

¿Y cómo descubrimos cuál es ese 20 por ciento? Es muy sencillo.

Coge una hoja de papel y un bolígrafo.

Sí, hablo contigo, que estás leyendo estas líneas.

Es importante que lo hagas ahora. Si lo dejas para más tarde, ese momento perfecto es posible que no llegue.

Anota las diez actividades con las que disfrutas más. Me refiero a esas con las que pierdes la noción del tiempo. Aquellas acciones que te llenan.

En mi caso sería algo así:

- Bailar.
- Escribir.
- Leer.
- Pasear al aire libre.
- Hacer lecturas del aura.
- Conversar con mis amistades.
- Ir a las escandalosas comidas familiares.
- Inventar cuentos, especialmente para mi hijo.
- Escuchar en bucle una canción que me encanta.
- Correr.

¿Cuáles son las tuyas?

Ahora escribe junto a cada una de ellas la fecha de la última vez que la practicaste.

Los resultados dependerán de cada persona. En la mayoría de los casos, no suponen ningún tipo de inversión más allá de nuestro bien más preciado: el tiempo.

Con el paso de los años nos da la sensación de que las horas del día se reducen. Sin embargo, la realidad es que los días siguen siendo de 24 horas, pero ahora tenemos muchas más cosas que hacer. Por un lado, la sociedad actual nos ofrece un abanico de posibilidades infinitas que nos inspiran, pero, al mismo tiempo, nos genera frustración porque no podemos hacerlo todo.

Esto puede afectar a nuestra salud. Lo que empieza con insatisfacción personal puede derivar en problemas más graves.

Mientras escribía la primera edición de *Esencia Minimalista* di el siguiente dato: la OMS prevé que en el 2020 la depresión, que, en ese momento era la segunda causa mundial de discapacidad, se convertirá en la segunda enfermedad con mayor carga social y supondrá un 15 por ciento de la carga por enfermedad.

Por desgracia, esto ha ocurrido antes de lo previsto. Desde 2018, según la OMS, la depresión afecta a unos 350 millones de personas y se considera la principal causa de discapacidad a nivel mundial.

Sinceramente, este dato me produce vértigo.

¿A qué se debe la depresión? Aunque las causas que la provocan son diversas y de origen muy variado, generalmente la depresión aparece debido a una discordancia entre la interpretación mental de lo que debería ser la realidad y la realidad.

Por un lado, tenemos una imagen mental de cómo deberían ser las cosas, mientras que, por otro, está la realidad, que parece implacable, inamovible e inabarcable.

En la época de las posibilidades nos exigimos llevar nuestras vidas al máximo. Tenemos que aprovechar cada momento: aprender idiomas, tocar un instrumento, madrugar, obtener distintos títulos, viajar, ir al teatro, al cine, comer sano, hacer deporte, trabajar, tener una vida social activa...

Aquí, según cada uno, la lista será más o menos larga.

¿Qué añadirías a tu lista?

En mi caso, construir una casa pasiva y tener un huerto.

El psicólogo Barry Schwartz califica esto como la causa de «la paradoja de la elección». Este autor demuestra cómo la libertad de elección no nos ha hecho más libres, sino que nos encarcela, y tampoco nos hace más felices, sino personas más insatisfechas.

Estas elecciones se convierten en propósitos y se acumulan. En lugar de generarnos felicidad, son los causantes de un descontento creciente ante la imposibilidad de llevarlos a cabo.

Todo apunta a que el día tendrá veinticuatro horas igualmente, por lo que es imprescindible «priorizar para poder vivir». Si no aprendemos a priorizar, no estaremos satisfechos/as con nuestras vidas. Aun así, para dar preferencia a unas o a otras actividades, es importante hacer una lista de lo que NO vas a hacer.

Admitir, reconocer y aceptar que no llegas a todo para, desde ahí, elegir dónde quieres estar y cómo.

Te contaré un secreto: he descubierto que la clave del éxito para esto es...

El minimalismo.

Imagino que no te sorprende.

Siento que es la receta que nos proporciona la respuesta para actuar con cabeza y corazón y, así, hacer menos con más sentido.

Esto incluye dos aspectos principales:

- Identificar qué te aporta valor y priorizarlo.
- Dejar ir lo que no.

No todo cabe en la agenda y si no dejamos espacio para las piedras grandes, cuando nuestra vida esté llena de arenilla y agua, ya no cabrán.

Esto no es decisión de un día. Creo que es una filosofía de vida que nos sirve como guía en el camino, porque hay momentos en los que nuestras prioridades cambian y, a veces, ocurre a la fuerza.

Pensaba que había cosas que eran imprescindibles y que debían formar parte de la agenda sí o sí, hasta que nació mi hijo.

Por una serie de dificultades relacionadas con su nacimiento, sus primeros meses de vida fueron especialmente complejos para mí, aunque siento que igualmente lo son para cualquier familia o pareja, sobre todo si ya hay otros/as niños/as por la casa.

Y, ahí, mis prioridades cambiaron. Lo dejé todo, incluso aquello que era inamovible, para atender a la prioridad número uno.

De esta forma, vi cómo aquello que parecía inalterable era mucho más flexible de lo que yo creía *a priori*.

Creo que la vida, a veces, nos invita amablemente a realizar cambios, mientras que, en otros casos, nos pide a gritos que tomemos medidas.

Cuando nació mi hijo, la vida me gritó, y puedo decir que sus primeros días de vida, que pasé pegada a una incubadora en la unidad de neonatos, fueron, con diferencia, uno de los procesos más difíciles de la mía.

De hecho, hoy en día, todavía me emociono al escribir estas palabras.

Cuando vivimos alguna situación difícil, la vida nos regala aprendizajes y nos obliga a identificar nuestras prioridades.

Otras veces, la vida simplemente nos susurra y, como si nos hablase la voz del alma, una sensación nos indica que revisemos lo que tenemos en la agenda, cómo gestionamos nuestra vida y, en general, el contenido de nuestro tarro.

Esperemos que la vida no tenga que gritarnos, para forzarnos a tomar mejores decisiones desde hoy.

Porque lo cierto es que, a veces, basta con mover una única piedra para cambiarlo todo.

¿Recuerdas el 20 por ciento de Pareto?

En muchos casos, para obtener grandes cambios (interiores y exteriores) solo debemos centrarnos en aquello que es más importante.

Todo viene de la mano de una sencilla pregunta:

¿Puedo dejar espacio para X?

....

....

....

(incluye aquí el nombre de una de esas actividades o personas de tu lista de importantes).

¿Qué necesito cambiar?

Las respuestas a estas preguntas son variadas, aunque, lo que suele ocurrir, y en muchos casos sorprender, es que un pequeño cambio puede dejar espacio para aquello que es importante.

Si ya has hecho el ejercicio, te invito a anotar en la agenda las acciones necesarias con fecha y hora.

Saber no sirve de nada.

Todas las personas sabemos qué necesitamos hacer para llevar una vida sana, pero eso no significa que lo cumplamos.

¿Cuál es la diferencia?

Saber es simplemente conocimiento.

La sabiduría es el conocimiento aplicado.

Me gustaría que aplicaras lo que sabes y trasladases a tu agenda aquellas acciones que necesitas llevar a cabo:

- Primero, para dejar espacio: quizá debas llamar a alguien, cancelar una quedada o acostarte más temprano.
- Después, para incluir en la agenda aquella actividad o persona importante a la que quieres dar prioridad: bloquea un espacio de tiempo concreto para ella en tu calendario.

Para priorizar no necesitamos hacer grandes cambios, basta con dar pequeños pasos con sentido.

Volvamos al caso de José Luis.

¿Qué crees que pasó con su vida?

Se inscribió en un programa de acompañamiento para mejorar su dieta y crear menús para la semana.

Esto se reflejó en su estado físico y anímico. Al cabo de poco tiempo, habló con su jefe y pidió una reducción en el horario. Ahora tiene tiempo para escribir y su jefe está encantado porque trabaja con una sonrisa genuina y los clientes vuelven más a menudo.

Si José Luis hubiera querido cambiar toda su vida de un plumazo, seguramente se habría encontrado con muchos obstáculos y muchos «yo no puedo» y «no es posible».

Pero movió una cosa de su lista de «algún día» a su lista de «hoy».

Ese pequeño paso fue el inicio de un camino que, de otro modo, nunca habría empezado.

Es imposible que lleguemos a todo, por ello necesitamos que las piedras que entren primero en nuestro tarro sean las más importantes.

Y, aunque parece que sacar la arena y poner las piedras más grandes en primer lugar es muy difícil, para provocar un gran cambio interior necesitamos dar un pequeño paso con sentido que genere un efecto dominó que, de forma natural, nos guiará en el siguiente.

Porque recuerda que «algún día» normalmente equivale a «nunca».

¿Qué es importante para ti y se merece formar parte de tu agenda?

Respiro.

Respira.

No eres lo que haces.

Ruta 10

Minimalismo digital

«El conocimiento es la fuente más democrática de poder».
ALVIN TOFFLER

Los tiempos están cambiando. Vivimos en la era de la información tanto para bien como para mal.

El CEO de Google, Eric Schmidt,* afirmó que la humanidad había creado hasta 2003 una cantidad equivalente a 5 exabytes de información y añadió que, desde 2010, esa misma cantidad de información se genera cada dos días.

Tenemos acceso a todo tipo de información, lo que nos permite, entre otras cosas, tomar las riendas de nuestra formación. Sin embargo, debes tener en cuenta que, para navegar en esta corriente y no morir ahogados/as en un mar de datos, es imprescindible desarrollar la capacidad de filtrar, es decir, saber discernir qué es relevante en cada momento.

Las escuelas deberían facilitar esta capacidad al alumnado de educación primaria y secundaria. Por des-

* http://www.techcrunch.com/2010/08/04/schmidt-data/

gracia, el sistema educativo tradicional es incapaz de responder a las verdaderas necesidades de las nuevas generaciones. Se esfuerzan por conservar sistemas caducos que no nos capacitan con las habilidades necesarias para vivir en esta nueva era de la información.

En poco tiempo hemos pasado de vivir en un mundo donde el nivel de información era reducido a estar inmersos en un bombardeo constante de estímulos informativos, que reclaman nuestra atención día a día y determinan, de forma consciente o inconsciente, nuestras decisiones.

Los mayores canales informativos de hoy en día son internet y la televisión, aunque mucha información nos llega a partir de otros medios de comunicación y anuncios directos.

Más allá de la publicidad subliminal, que es ilícita en países como España, encontramos otro tipo de propaganda efectiva y lícita. Sería el caso del llamado «emplazamiento» o «producto expresamente colocado», que consiste en colocar un objeto publicitario de forma visible en una película u otro medio. Así, queda demostrado que después de ver una película en la que los protagonistas bebían algún tipo de refresco, a la salida del cine las ventas de dicho producto aumentaban de forma exponencial.

Pero este no es el único riesgo.

En 1977 el premio Nobel de Economía Herbert Simon señaló que «la información consume la atención de sus receptores». Dicho autor establece una relación directa entre el exceso de información y la falta de atención de las personas.

Por tanto, en un mundo con una sobredosis de información, se desarrolla una escasez de atención. Saltamos de un tema a otro, de una pestaña a otra, de un anuncio a otro, de un correo electrónico a otro… sin llegar a leer ningún artículo por completo.

Esto, además, está relacionado con nuestro reloj biológico.

El Premio Nobel de Medicina, 2017 fue para los doctores Jeffrey C. Hall, Michael Rosbash y Michael W. Young, por sus descubrimientos de los relojes biológicos. Descubrieron cómo las células de las plantas, los animales y los seres humanos adaptan su ritmo biológico para sincronizarlo con la rotación de la Tierra.

Los ritmos circadianos regulan desde la segregación de hormonas, la temperatura corporal y la tensión arterial, hasta el sueño, o incluso, el estado de alerta.

Un desajuste en el reloj biológico tiene efectos en el sueño, la memoria, la concentración, e incluso, hay investigaciones de Salvador Aznar, profesor de investigación del Instituto ICREA, que prueban que las células de la piel, el hígado y los músculos se deterioran y que eso puede favorecer la aparición de cáncer y otras enfermedades degenerativas o depresión.

Añado esta explicación porque cada vez aparecen más estudios que demuestran cómo las luces azuladas de las pantallas afectan a los ciclos circadianos y alteran los relojes biológicos.

El ámbito de la iluminación y su efecto en los ciclos del sueño es un tema que me apasiona y que comparto en detalle en el bloque de la salud del curso Ordena tu casa para ordenar tu vida, pero no quería cerrar este apartado sin proponer una pequeña acción relacionada con este concepto.

La tecnología puede mejorarse, pero también es importante que adaptemos nuestra forma de vivir y nuestros hábitos a las condiciones naturales de nuestros ritmos biológicos.

Según un estudio de Microsoft DigiGirlz, utilizamos nuestro *smartphones,* al menos 80 veces al día. En casos más severos, esa cifra puede aumentar a 150 veces.

Ya sea porque recibimos una notificación importante o porque simplemente queremos saber la hora, vivimos pegados al móvil. Y más allá del teléfono, ¿a cuántas pantallas estás conectado/a? Tableta, ordenador, televisor, relojes inteligentes y demás dispositivos electrónicos. No sugiero volver a utilizar los teléfonos de disco o vivir sin las comodidades de internet, pero leer en papel de vez en cuando sería bueno para tus ojos. Y no revisar las redes sociales durante un día tendrá efectos positivos sobre tu autoestima. Hace unos años no teníamos teléfonos móviles mientras que ahora:

- El 90 por ciento de las personas consultan el teléfono a los quince minutos de haberse despertado.
- El 71 por ciento duerme con su *smartphone* a menos de un metro de distancia.
- Uno de cada tres usuarios lo llevan al baño.
- La gente mira las pantallas del móvil un promedio de 2 horas y 51 minutos al día.

Además, es más fácil enviar un mensaje que llamar o tener contacto directo con una persona, por lo que perdemos la habilidad de interactuar, un hecho que se refleja en una disminución del optimismo. ¿Por qué? Treinta minutos de conversación con un amigo liberan las mismas endorfinas que una hora de gimnasio y socializar es una vitamina energética para la mente. No debemos dejar de practicarlo o nuestro estado de ánimo se verá afectado.

¿Qué harías si dispusieras de dos horas más al día?

Como has leído, una persona invierte casi tres horas de media diarias tanto en redes sociales como en otras plataformas de mensajería instantánea.

No, no creo que las nuevas tecnologías ni las redes sociales sean malas. De hecho, me permiten trabajar y vivir de lo que amo, estar en contacto con las personas que quiero y están lejos, compartir mis vídeos…

Lo que sí creo es que es necesario que llevemos a cabo un consumo consciente de las mismas.

El minimalismo no implica quedarse sin nada y el minimalismo digital no se refiere a deshacerse de todas las redes sociales, sino identificar aquello que te aporta valor, priorizarlo y dejar ir lo que no.

Quizá los mensajes con tus amigos y conocidos te aportan valor, pero ¿lo hace ver tres vídeos al día en YouTube? Tal vez te aporta valor entrar en Facebook, pero no en Instagram, o viceversa, porque aquí no hay recetas y la fórmula es diferente para cada persona.

Al convertirte en un minimalista digital, de alguna forma afirmas que, aunque las nuevas tecnologías de la comunicación tienen un gran potencial para mejorar nuestras vidas y acortar la distancia, al mismo tiempo pueden convertirse en un foco de distracción al que recurrimos como forma de evasión.

Cuando escribí la primera versión de *Esencia minimalista* vivía en Italia en un tercer piso sin internet. Ahora que escribo de nuevo soy consciente de que a veces busco evadirme de aquello que me cuesta hacer.

En un viaje en tren, en el metro, en la cola del supermercado..., muchas veces recurrimos al teléfono móvil para entretenernos y evitamos estar con nosotros/as.

Así que te propongo algunas opciones:

Practica la sobriedad informativa

Cuando me hablaron de las bondades de dejar de leer noticias o evitar los telediarios, me cuestionaba sobre si eso no significaría desconectarme o dejar de implicarme socialmente.

Llevaba tiempo dudando sobre si dar o no ese paso cuando llegó a mí una información que me hizo decidirme y que quiero compartir contigo. Gandhi llevó a cabo un proceso que llamó «reducirse a cero». Entre otras cosas, esto incluía renunciar a leer la prensa o ver las noticias y pasar un día a la semana en silencio. Se pueden decir muchas cosas de Gandhi, pero, desde luego, no creo que fuera una persona con poca implicación social.

La información que nos ofrecen este tipo de medios de comunicación suele ser sesgada y nos da una falsa sensación de conocimiento.

De igual forma, la idea no es aislarse de lo que ocurre en el mundo, sino filtrar el tipo de información que recibimos. Puede que dejes de ver los telediarios, pero que elijas informarte sobre algunos temas que te interesa especialmente, a través de distintas fuentes, para tener una imagen más real y completa. Tú decides.

Elimina las suscripciones

Cada día, recibimos una gran cantidad de correos electrónicos con información sobre cursos, artículos de blogs, ofertas de viajes y cupones. Y, aunque muchas veces ni siquiera los abrimos, el mero hecho de tener que borrarlos es un gasto de energía.

Revisa tus suscripciones y elimina aquellas que no te aporten valor. Organiza el correo por carpetas de forma que la bandeja de entrada quede lo más despejada posible.

Elimina las notificaciones del teléfono móvil

Así, decidirás cuántas veces al día quieres consultar el correo o incluso el móvil... Miramos el teléfono una media de 80 veces al día, y el 25 % de los menores de 25 años lo hace una media de 150 (una vez cada siete minutos). ¿Te parece una cifra alta? ¿Cuántas veces coges el teléfono al día? ¿Tienes WhatsApp? ¿Cuántos mensajes recibes?

Elimina las distracciones y concéntrate en la tarea que estás haciendo

Reduce el tiempo que pasas delante de la pantalla.

La mayor parte de las personas que me consultan afirman estar agotadas, sobre todo, al final del día. Confiesan que no tienen tiempo para hacer nada y que no disponen de energía. Al mismo tiempo, pasan una media de dos horas en actividades irrelevantes que implican estar frente a una pantalla.

Con esto solo te autoengañas. No es cierto que no tengamos tiempo, sino que buscamos una distracción para evitar estar con nosotros/as mismos/as, ya que lo que realmente nos agota es la cantidad de preocupaciones que nos colapsan la mente. Sin embargo, la pantalla no es la solución. De hecho, aunque provoque un efecto placentero ficticio, lo único que hace es agravar la situación. Es como esconder la suciedad debajo de la alfombra; no desaparece, simplemente está oculta. Antes o después, deberás eliminarla si quieres tener la casa limpia.

Limita el uso de las pantallas antes de ir a dormir.

Una hora antes de irte a dormir, evita las lámparas de luces frías fuertes y cualquier aparato electrónico que emita luz como televisores, ordenadores o móviles.

Si tu trabajo te obliga a estar frente a una pantalla antes de acostarte, te invito a que busques una aplicación que te permita activar el modo nocturno y reduzca el tono cian del brillo.

Deja de leer en diagonal

Rebélate: presta completa atención en aquello que estés haciendo.

¿Has leído con atención lo que llevas de libro?

Si quieres ir un paso más allá, te propongo un reto de veintiún días de desintoxicación digital para reducir, repensar y volver a sentir el uso de las pantallas en tu vida.

La idea es que durante tres semanas reduzcas al mínimo tu tiempo personal y profesional delante de una pantalla para identificar qué es aquello que realmente te aporta valor y hacer un uso consciente.

Además, ya que recuperarás algo de tiempo, la idea es que revises los trasteros del siglo XXI, el ordenador y el teléfono. Haz limpieza de fotos, documentos y aplicaciones en busca de opciones concretas que te ayudarán a hacer un uso más consciente de las nuevas tecnologías en casa, en el trabajo y con tus hijos, si los tienes.

Empieza la desintoxicación digital. Tú eliges el grado de implicación.

Si quieres un plan concreto de minimalismo digital, lo encontrarás gratis en www.sencillezplena.com/digital.

Respiro.

Respira.

No eres lo que haces.

Ruta 11

Productividad minimalista cíclica

«Es preciso sacudir enérgicamente el bosque de las neuronas adormecidas; es menester hacerlas vibrar con la emoción de lo nuevo e infundirles nobles y elevadas inquietudes».

Santiago Ramón y Cajal

En uno de los encuentros del curso Ordena tu casa para ordenar tu vida, Cristina me dijo:

—Lucía creo que la revisión se me ha ido de las manos.

—¿Por qué dices eso? —le pregunté.

—Revisé el armario y, aunque no tengo un armario cápsula, he reducido mucho las prendas que guardo en él. El problema es que me han invitado a una convención y no tengo nada que ponerme. He dejado ir todas las prendas que, aunque no encajaban con mi personalidad, sí que cuadraban con este tipo de eventos, y ahora creo que tendré que pedir ropa a mi madre. ¿Crees que me he pasado? —me preguntó—. Y ¿cómo me aseguro de que no se me va de las manos también en otras categorías o espacios de la casa?

—Cristina —le dije—. ¿Esa convención te aporta algún valor?

Su cara cambió.

—Si te soy sincera, la verdad es que no. Voy a acompañar a una amiga, pero no me interesa demasiado. Creía que era la ropa.

—La ropa es un reflejo —le recordé.

—No quiero dejar de ir porque no quiero que vaya sola, pero me gustaría poder ser yo misma.

—¿Seguro que no puedes serlo? —le pregunté.

—Ni siquiera me lo había planteado, pero podría ir con otro tipo de ropa. Quizá no necesito disfrazarme para aparentar ser algo que no soy y encuentre la que mejor se adapte a este evento entre las prendas que me encantan. De hecho, tengo una americana que me gusta mucho y debajo podría llevar alguna de mis camisetas favoritas.

Y ahí encontró la solución a su problema.

Derek Sivers, fundador de la empresa CD Baby y autor de *Sigue tu pasión: consejos para un nuevo tipo de emprendedor,* dice que las cosas son o «¡Claro que sí!» o «no». Para él no hay caminos intermedios y los «síes» que no vayan precedidos por un «claro que», tendríamos que sustituirlos por un «no».

Lo cierto es que no he llegado a ese nivel y no sé si quiero llegar, pero deseaba que supieras que existe.

Si quieres una opción más amable, puedes usar la versión de las valoraciones.

Valora del 0 al 10 la actividad o propuesta. Puedes emplear cualquier nota menos el 7, así te obligas a valorarla del 0 al 6 por un lado o del 8 al 10 por otro. En mi caso, si la puntuación de la propuesta pertenece al primer grupo, digo que no, mientras que, si forma parte del segundo, acepto.

¿Por qué elimino el 7? Es esa nota en la que no nos posicionamos ni en un lado ni en el otro y, a veces, ocultamos las cosas que «nos saben mal» o que quizá necesitemos «por si acaso». Al eliminar la posibilidad de usarlo, nos permitimos escoger con claridad.

De igual forma, hay que tener en cuenta, como en el caso de Cristina, qué estamos valorando, porque es lo que cambiará el resultado:

Para ella, ir a esa convención era un 1, mientras que acompañar a su amiga era un 9. En su caso, lo que priorizaba era acompañar a su amiga.

A veces, cuando procrastinamos o cuando nos da pereza hacer algo, es porque no nos aporta valor y sufrimos el síndrome del sí fácil, o bien porque es algo que nos aporta valor, pero nos saca de nuestra zona de confort y padecemos el síndrome del perezoso. ¿Cómo identificar cuándo se produce un caso o el otro? Sencillo, simplemente valora la propuesta del 1 al 10 y recuerda que no puedes usar el 7.

Vivimos en el mundo de las distracciones. Muchas veces nos escondemos detrás de las distracciones para evitar ciertas situaciones incómodas, desafiantes o desconocidas. Si echamos la vista atrás, nos daremos cuenta de que nuestros mayores logros siempre han venido de la mano de momentos que, al principio, eran desafíos.

Las distracciones son como unos duendes revoltosos que ofrecen caramelos a la mente. Es cierto que sabes que consumen tiempo y que son dañinos para tu salud, pero son una tentación muy grande.

En primer lugar, para poner cara a los duendes debes identificar tus principales distracciones. Haz una lista tan larga como necesites, por ejemplo, redes sociales, lecturas *online*, la televisión, la comida… ¿Has hecho ya tu lista?

Seguidamente, planteate si realmente son distracciones. Marca junto a cada uno de los elementos de la lista si te proporcionan placer a corto o a largo plazo. Esto te servirá para identificar si de verdad lo son. En algunos casos, quizá solo lo sea en ciertos momentos. Por ejemplo, la lectura *online* se vuelve una distracción cuando tengo que realizar otra tarea importante, pero no lo es cuando me formo.

El tercer paso es llevar a cabo un proceso de desapego. Acota el tiempo que le dedicas a dichas distracciones. En este caso, delimitar un periodo de tiempo para hacer estas actividades será útil. Por ejemplo, pasar veinte minutos en redes sociales.

Por último, reemplázalas. Sustituye una distracción con algo que te produzca una sensación de bienestar a largo plazo. Si necesitas una pausa, antes de entrar en internet, haz estiramientos. Así crearás nuevos hábitos beneficiosos para ti de forma natural.

Nuestro cerebro es plástico y genera nuevas conexiones neuronales que nos permiten aprender a lo largo de toda nuestra vida. Lo dijo William James, uno de los padres de la psicología, en 1890, y la neuropsicología confirma dichas teorías.

Para introducir un nuevo hábito es importante escoger un cambio que sea coherente contigo y llevarlo a cabo durante el mínimo tiempo posible, pero con la mayor continuidad.

Que sea sencillo no significa que sea rápido. Como vivimos en una época de satisfacciones inmediatas, queremos muchas cosas y deseamos obtenerlas sin salir de nuestra zona confort. Sin embargo, como dijo Aristóteles: «Somos lo que repetidamente hacemos. La excelencia no es un acto, sino un hábito».

Para llevar a cabo lo que te propones, puedes:

1. **Priorizar y seleccionar.** Tienes muchos intereses e inquietudes, pero solo puedes hacer una cosa de-

trás de otra. Elige una, adquiere un compromiso y cúmplelo. Para ello deberás aplazar otros.

2. **Planificar el tiempo que vas a dedicarle y hacer espacio en tu agenda.** Sea el tiempo que sea, tiene que estar anotado en la agenda y ser una cita ineludible.
3. **Relacionarlo con un hábito que ya realices en tu día a día.** Tal vez, al levantarte todas las mañanas, te laves los dientes y después desayunes. Si quieres meditar, podrías programarlo entre una actividad y la otra. Poco a poco, con el tiempo, el cerebro relaciona el hecho de lavarte los dientes con la meditación. ¿Qué pasa si un día sales de casa sin lavarte los dientes? Pues lo mismo ocurrirá con la meditación porque estarán incluidos en el mismo paquete.
4. **Tener a mano los recursos necesarios.** Si el hábito que quieres desarrollar precisa de algún tipo de recurso extra, es imprescindible que dispongas de él. Así lo tendrás todo preparado para llevarlo a cabo sin problemas.
5. **Comprometerte y tener disciplina.** Aunque son palabras que no tienen buena fama, son símbolos del amor que te tienes. Si llevas a cabo un hábito positivo, te estarás demostrando amor.
6. **Seguir adelante.** Si un día no lo haces, no abandones. Quizá un día gane la pereza o tu cuerpo te pida que no hagas algo. ¿Has tenido en cuenta tus ciclos? ¿Has sobrecargado la agenda? Identifica por qué ha pasado y vuelve a ello lo antes posible.
7. **Celebrar tus logros.** Permítete reconocer tus conquistas y reconocerte.

Dado que la reorganización cerebral se estimula a lo largo de toda la vida, no hay una sola etapa en la que no aprendamos algo nuevo. La edad de jubilación no marca un declive, ni cumplir cuarenta ni cincuenta años debería ser deprimente. Toda aquella persona que tenga interés y esté dispuesta a llevar a cabo un cambio está de enhorabuena, pues puede hacerlo independientemente de la edad.

La mente se renueva constantemente gracias a la plasticidad neuronal. ¿Hay una rutina que quieres incorporar? ¿Hay algo que quieres aprender? Adelante, no hay mejor momento que este para empezar a practicar lo que deseas.

Y después de decirte todo esto debo añadir que es muy posible que falles porque eres una persona cíclica.

«*Arugamama*» es un término que proviene de la antigua sabiduría zen y se entiende como vivir en armonía con la naturaleza y aceptar las cosas tal y como son. En verano hace calor y en invierno hace frío, saber esto es una cosa, aceptarlo es otra, y este concepto hace referencia a esta segunda parte.

¿Cuántas técnicas de productividad has probado? ¿Cuántas no han funcionado? ¿Alguna vez te has acostado con la sensación de que has estado todo el día haciendo cosas, pero nada de provecho?

Llevo años leyendo sobre temas relacionados con la productividad porque es algo que me interesa especialmente. Sin embargo, no conseguía mantener ninguna de las técnicas propuestas, que, como mucho, me funcionaban durante unos meses, pero con gran esfuerzo por mi parte.

¿Qué les faltaba? Ser cíclicas.

¿Qué es la productividad minimalista cíclica?

Es un tipo de productividad que no es lineal ni espera cada día lo mismo de la persona. Me resulta difícil pensar que haya personas lineales, sin importar el sexo y el género.

Sin embargo, yo soy una persona cíclica y he descubierto que tiene sus ventajas si se sabe sacar partido de cada una de las fases.

No somos una única persona, somos muchas dentro de una misma que va cambiando. No eres la misma persona que hace siete años ni eres la misma que eras ayer. Ni siquiera eres la misma persona de hace una hora.

Una referencia para emprender este viaje son las fases lunares. La Luna es la responsable de las mareas y las personas estamos hechas de aproximadamente un 70 por ciento de agua. Por tanto, podemos decir que la Luna tiene un claro efecto sobre las personas.

«Todo fluye dentro y fuera, todo tiene sus mareas», *El Kibalión.*

Hay cuatro fases lunares, del mismo modo que existen cuatro fases en el ciclo de la mujer. Este patrón se repite en otros aspectos de la naturaleza, como en las estaciones.

Si entendemos mejor las fases, comprenderemos, de igual modo, nuestro cuerpo y empezaremos a conectar con nuestros propios ritmos.

Luna creciente

La Luna creciente está relacionada con el arquetipo de la doncella, la preovulación y la primavera.

Es la fase que está vinculada con la toma de acción, momento para iniciar nuevos proyectos, para renovar, para introducir cambios y nuevos hábitos en tu vida.

Luna llena

La Luna llena está relacionada con el arquetipo de la madre, la ovulación y el verano.

Es la fase vinculada con el encuentro y la socialización. Momento de trabajar en equipo, de expresar y compartir los proyectos, de cuidar y de cuidarse.

Luna menguante

La Luna menguante está relacionada con el arquetipo de la hechicera, la premenstruación y el otoño.

Es la fase vinculada con la verdad. Momento de evaluar los propios proyectos, de ver la coherencia entre el mundo interior y el exterior. Es un buen momento para revisar nuestra vida e identificar qué te aporta valor y qué no.

Luna nueva

La Luna nueva está relacionada con el arquetipo de la bruja, la menstruación y el invierno.

Es la fase vinculada con la introspección y la interiorización, es un buen momento para el descanso, para reflexionar, conectar con la intuición y, desde ahí, decidir qué crear.

¿Cómo ajusto mi agenda a mis ciclos?

Conócete

Hay patrones que se repiten y es importante que los conozcas para reconocer tus fases y adaptarlas. Esto es solo una referencia. Desde aquí, encontrarás tus propias características teniendo una base.

Deja espacio

Siempre que sea posible, procura no cerrar tu agenda al completo, pues es importante que tengas huecos en los que decidir en el último momento qué quieres hacer. Esos son los lugares en los que ocurre la magia.

En ocasiones, no tenemos ganas de hacer nada porque no está en sintonía con lo que sentimos. Es el momento de organizar la agenda de dentro hacia afuera para aprovechar lo que promueve cada una de tus fases y, así, disfrutar del *«Arugamama»*, porque no estamos fuera de la naturaleza, sino que somos parte de ella y, cuando la honramos, hacemos honor a nuestra esencia.

La productividad minimalista cíclica no pretende que hagas más en menos tiempo, sino que hagas menos con más sentido y coherencia.

Respiro.

Respira.

No eres lo que haces.

Ruta 12

Cuidando el cuerpo

«Tu cuerpo es templo de la naturaleza y del espíritu divino. Consérvalo sano; respétalo; estúdialo; concédele sus derechos».
Henry F. Amiel

En esta ruta hablaremos del cuerpo desde distintos ángulos. Empezamos con la alimentación primaria.

Alimentación minimalista

Dime cómo comes y te diré quién eres.

La comida es uno de los mayores aspectos de nuestro modo de entender la vida. Si quieres aprender más sobre ti, observa cómo te alimentas.

Estos cuatro puntos son fundamentales:

- ¿Comes rápido?
- ¿Dejas espacio entre un bocado y otro?
- ¿Tienes antojos?

- ¿Comes alimentos que son beneficiosos para tu cuerpo?

Las teorías con relación a lo que significa tener una buena alimentación son infinitas y, en muchos casos, contradictorias. Lo único que casi todas tienen en común es la reducción del consumo de alimentos procesados y el aumento de productos de origen vegetal.

Y ¿por qué este libro habla de comida?

Porque la comida, además de ser una necesidad básica, es un objeto de consumo. No es de extrañar que las grandes multinacionales del mundo se dediquen a la alimentación. La alimentación es un negocio rentable y al alza.

Al igual que con otros bienes de consumo, en este ámbito también existen las modas. Ahora lo es llevar el café en un vaso por la calle o tomar un determinado tipo de comida japonesa. Quizá el año que viene lo sea un manjar indio y probablemente el café lo lleves en un vaso de bambú con un mensaje sobre lo bonito que es el día de hoy.

Antes de continuar, me gustaría compartir contigo mis creencias para que puedas validar la información que encontrarás más adelante.

- No creo en las campañas de lavado de imagen de multinacionales alimenticias que promueven sistemas laborales injustos o destruyen el planeta.
- No creo que un consumo abusivo de carne sea ecológico. Para producir un kilo de carne de ternera son necesarios más de 15 000 litros de agua, 135 m^2 de tierra al año y se emiten, aproximadamente, 54 kg de CO_2.
- No creo que la sociedad del plástico, de la comida envasada y precocinada sea positiva para nuestra salud.

- Creo en el poder de las personas consumidoras, creo en ti y en mí.
- Creo que podemos decidir más allá de las campañas agresivas a las que nos sometemos cada día.
- Creo en el consumo local. Creo que donde vives crece lo que necesitas para afrontar la estación en la que te encuentras.
- Creo que es posible el cultivo sin agrotóxicos.
- Creo que podemos comer honrando nuestro cuerpo.
- Creo que tenemos el poder de la información sobre qué comemos y dónde compramos nuestros alimentos.

Durante muchos años me he descrito como vegetariana y hace poco que dejé de hacerlo, aunque a veces recurro a este calificativo por comodidad cuando debo explicar por qué no consumo determinados alimentos. Lo cierto es que no creo que ser vegetariana sea intrínsecamente más sano o ecológico. En la mayor parte de los casos es probable, pero podrías llevar una dieta vegetariana a base de productos procesados con la que desarrollarías ciertas carencias, además de tener un impacto medioambiental muy alto.

—Y entonces, ¿tú qué eres?

—Yo soy una priorizadora, es decir, priorizo comer sano y cuidar el planeta.

—¿Eso significa que comes carne?

—En mi día a día, no, pero si estoy en una situación en la que es la opción más coherente, lo haría.

Sé que la dieta es un tema muy delicado y no pretendo que creas que mi elección es la mejor, porque el hecho de que sea la que yo prefiero para mí no implica que deba serlo también para ti. Solo te invito a que te informes y tomes tus decisiones desde aquello que sea más coherente con tu forma de vida.

¿Y tú piel? ¿Qué necesita?

No solo ingerimos alimentos. Muchas veces, los ingredientes llegan a nuestro cuerpo a través de los productos cosméticos que utilizamos.

Cuando hablo de cosmética no me refiero exclusivamente a las cremas, sino a todo tipo de productos de higiene que entran en contacto con nuestro cuerpo.

La piel es el mayor órgano del cuerpo y aproximadamente el 60 por ciento de lo que te pones sobre ella penetra y puede llegar hasta el torrente sanguíneo.

La cosmética industrial genera los productos a partir de una base hecha de sustancias químicas, algunas de las cuales son dañinas para nuestra salud.

¿Estás cerca de algún baño? ¿Llevas alguna crema en el bolso?

Te animo a comprobar los ingredientes de las cremas, desodorantes, champús e incluso pasta de dientes que usas a diario.

Personalmente, evito estos ingredientes, pero te invito a informarte al respecto para que puedas hacer tu propia lista según tu criterio: aceites minerales (petrolatum, vaselina, parafinas, etc.), aluminio, mercurio, monoetanolamina (MEA), parabenos (especialmente butilparabeno, propilparabeno, isopropilparabeno e isobutilparabeno), plomo, siliconas (dimeticona, dimeticona copoliol, ciclometicona), lauril éter sulfatos y flúor.

La manera natural de cuidar la piel es aportándole nutrientes que la alimenten para que se recupere por sí misma.

¿Tienes la piel seca? Esto es un síntoma que puedes tratar con cremas específicas o también puedes plantearte cuál es la causa. ¿Bebes suficiente agua? ¿Es agua de calidad? De este modo, encontrarás una solución que atienda al síntoma y a la causa.

Tomar conciencia es el primer paso para generar alternativas saludables.

Cuidando el equilibrio cuerpo-mente

Vamos un paso más allá con relación al cuerpo.

Osho, en su libro *El equilibrio mente-cuerpo,* muestra la relación directa entre el cuerpo y la mente. Durante muchos años, la ciencia occidental ha considerado al ser humano como una entidad mecánica que funciona al margen de la naturaleza, pero las personas no somos máquinas, sino organismos complejos. Cuando una parte de este enferma, es un reflejo de un desequilibrio.

Hoy en día, la ciencia sigue investigando cómo la mente, el cuerpo y las emociones están íntimamente relacionados.

En 1984, Robert Ulrich llevó a cabo varios estudios pioneros con los que trataba de demostrar que aquellos pacientes que veían un parque desde la ventana de la habitación tenían una tasa de recuperación un 90 por ciento mayor que los que tenían vistas a una pared de hormigón. Así, concluyó que el estado de ánimo interviene directamente en la salud física.

Según Osho, si escucháramos a nuestros cuerpos, el 99 por ciento de nuestros problemas desaparecerían. Si al comer prestásemos atención, en muchas ocasiones no nos terminaríamos el plato. Es la mente la que decide seguir comiendo, no el cuerpo. Muchas veces, estos pensamientos que nos llevan a comer están relacionados con programas familiares y culturales. Está en nuestra mano ser conscientes de ello y renunciar a aquellos que nos limiten.

El hecho de que nos encontremos mal desde cualquiera de los cuatro puntos de vista (mental, emocional, físico o espiritual) afecta directamente a los demás. Los mensajes del cuerpo nos brindan la oportunidad de observar qué nos ocurre en los distintos aspectos de la vida y qué necesitamos. El cuerpo es como una brújula que nos orienta y nos avisa a través de síntomas cuando perdemos el norte.

Y para calibrar esta brújula te propongo darte un baño de naturaleza.

Si queremos ver los efectos positivos que la naturaleza tiene en las personas, podemos incluso observar una imagen de un paisaje en una pantalla. De hecho, a quienes trabajan delante de un ordenador se les recomienda mirar periódicamente imágenes de paisajes.

Busca en el móvil o en el ordenador un paisaje y obsérvalo durante un par de minutos. Estoy segura de que notarás los efectos. Si llevas a cabo la prueba y te funciona, habrás descubierto un recurso muy valioso al alcance de la mano.

Aun así, el verdadero cambio se produce al entrar en contacto directo con la naturaleza.

«Shinri yoku» es un término que fue acuñado por la Agencia Forestal de Japón y que se inspira en prácticas budistas y en el sintoísmo. Este concepto hace referencia a la práctica de paseos meditativos por el bosque.

Entre los beneficios de esta conexión con la naturaleza encontramos: mejoras en el estado anímico, descenso de las hormonas del estrés, mejor calidad del sueño, aumento de la creatividad e incluso se ha probado que es beneficioso para el sistema inmunitario.

¿Tienes un bosque cerca? Si no es así, puedes ir al parque más cercano.

En una entrevista que le hice a Alex Gesse, uno de los fundadores del Instituto Europeo de Baños de Bosque, me confirmaba que, a veces, creemos que para practicar esta conexión debemos ir a un bosque lejano, pero lo cierto es que es más efectivo ir a un espacio natural que nos resulte familiar aunque no sea tan exótico, pues nos permite relajarnos y entregarnos a la práctica, mientras que en un entorno novedoso nuestro cuerpo estará en alerta.

Espero que te encuentres en un parque mientras estás leyendo estas líneas, y si no es así, que programes una cita con la naturaleza cuanto antes.

Una vida sencillamente plena

En esta ruta, te he dado información muy distinta y variada y podría parecer que quiero llenarte la agenda, por eso quería acabar con una idea que, en mi opinión, resume muy bien este capítulo y, para ello, te trasladaré a una pequeña isla de Grecia.

En el año 2000, el periodista Dan Buettner presentó un estudio en el que mostraba las denominadas «zonas azules»* del mundo. En él, evidencia la relación de ciertos lugares del mundo donde las personas tienen una esperanza de vida más alta. Investigaciones posteriores identificaron los puntos en común para establecer las causas de dicha longevidad y calidad de vida.

Ikaria, una pequeña isla de Grecia, es una de estas zonas. En proporción a su tamaño, es el lugar en el que viven el mayor número de personas centenarias del planeta. Es curioso visitar la isla y ver las diversas prácticas que llevan a cabo sus habitantes.

Lo que llama la atención es que no tienen una preocupación excesiva por «mantener una dieta equilibrada» o «ir al gimnasio todos los días». Es posible que el hecho de desplazarse de un lugar a otro a pie por un terreno naturalmente montañoso o las actividades diarias consuman más energía que muchas de nuestras prácticas de movimiento puntuales.

* https://es.wikipedia.org/wiki/Zonas_azules

Allí, nos contaron la historia de Stamatis Moraitis, un soldado procedente de la isla, que, después de la Segunda Guerra Mundial, se estableció en Nueva York. Tras vivir más de treinta años allí, le diagnosticaron cáncer terminal de pulmón. Consultó con varios médicos y todos coincidieron en el diagnóstico: le quedaban unos meses de vida. Entonces, Stamatis decidió ir a morir a su isla natal porque quería que lo enterraran junto a sus padres. Al llegar allí, estuvo postrado en una cama donde recibía las visitas de sus antiguas amistades. Poco a poco, se fue sintiendo mejor y empezó a cultivar un huerto que creía que no llegaría a cosechar, pero la realidad fue otra. Los meses y los años pasaron hasta que un día, veinticinco años después de su llegada a Ikaria, viajó a Nueva York para compartir su recuperación con los médicos que lo habían diagnosticado. Se llevó una sorpresa al comprobar que todos estaban muertos.

De esta historia no podemos concluir que vivir en Ikaria cura el cáncer, pero no es algo casual que en esta pequeña isla se viva una media de diez años más y con mejor salud que en el resto de los países europeos y no creo que sea, simplemente, porque, como dicen sus habitantes, en Ikaria nos olvidamos de morir.

Parece que la clave de este paraíso de la longevidad es una alimentación sana unida a una vida sencilla y activa, todo ello aderezado con un círculo de amistades próximo.

Las imágenes de nuestro planeta desde el espacio le han concedido el apodo de «planeta azul». Me encantaría que este nombre que recibe por las grandes masas de agua también se debiera a la expansión de estas zonas azules en el mundo.

¿Me ayudas en esta labor de crear zonas azules donde llevar una vida más sencilla y conectada?

Respiro.

Respira.

No eres lo que haces.

Ruta 13

Las relaciones personales

> —Te amo —dijo el principito.
> —Yo también te quiero —dijo la rosa.
> —No es lo mismo —respondió él.
> *El principito*, Antoine de Saint-Exupéry

Todas las personas nacemos con la capacidad de amar incondicionalmente, pero con nuestro aprendizaje cultural y social hemos creado barreras que nos limitan a la hora de tener relaciones basadas en el amor y la confianza.

No creo en la casualidad, pero sí en la causalidad. Aunque, a veces, no lo entendemos a simple vista, son dos conceptos muy diferentes y están muy presentes en nuestras relaciones.

No, mis relaciones no son perfectas. Hace tiempo descubrí que aprender a amar es la asignatura de la vida. No obstante, puedo afirmar que mis relaciones personales, incluida la que tengo conmigo misma, han evolucionado de manera muy satisfactoria.

¿Cuántas veces te decepcionas porque alguien no se comporta como esperas? Esto nos ocurre, como veíamos en la ruta 8, sobre todo, con las personas más cercanas.

Ram Dass decía que «si crees que has alcanzado la iluminación, quédate una semana en casa de tus padres».

En la escuela no nos enseñan a dejar de crear expectativas con respecto a las demás personas, y son esas expectativas las que generan constantes desilusiones.

En el fondo, es una confusión conceptual. Lo que se denomina «amor romántico», que se transmite, sobre todo, a través de películas en las que los protagonistas viven amores no correspondidos, celos y conquistas, se puede traducir por «imagen ilusoria llena de expectativas».

Siento que la palabra más cercana al amor es la aceptación.

¿De verdad sabes cómo se debe comportar alguien? ¿De verdad sabes qué es lo mejor para la otra persona? ¿De verdad sabes qué es exactamente lo que necesitas? Yo sé lo que quiero, pero no siempre sé lo que necesito.

El amor no consiste en modelar a la persona con la que quiero compartir mi vida para que sea perfecta, sino que se basa en descubrir la perfección en esa persona y, así, descubrir la perfección en ti, porque cuando no aceptas a la persona que tienes frente a ti, en el fondo, no te aceptas.

Pondré un ejemplo al azar. A «mi juicio», mi pareja tiende a moverse despacio, «diversamente veloz» como diría él. Esto es algo que, a lo largo de los años, me ha molestado y generado estrés.

Con el tiempo, reflexioné al respecto. ¿Por qué me molesta esto? ¿Qué mueve dentro de mí?

Así, descubrí la conexión entre su comportamiento y una creencia muy arraigada dentro de mí: *«carpe diem»*, aprovecha cada momento. Soy una persona de naturaleza rápida, escribo rápido, camino rápido e incluso hablo rápido. Mi pareja es un reflejo de mi velocidad y mi conflicto con la lentitud.

Gracias a esta reflexión fui consciente de mi naturaleza y acepté la suya. Esto no significa que ahora me fuerce a ir lenta, sino que acepto su ritmo y entre los dos hemos encontrado una forma de convivir sin renunciar a nuestras tendencias innatas.

Así, desde una comunicación no violenta con la que le expresé mis necesidades con algo de humor, le propuse lo siguiente:

—¿Jugamos a descubrir cómo pueden convivir en armonía un colibrí hiperactivo y un oso en letargo que se aman?

No quiero que se convierta en un colibrí y, por supuesto, sería ilógico por mi parte ponerme la máscara de oso.

Cuando salimos, marcamos un horario y cada cual se toma su tiempo para prepararse. De hecho, ahora valoro su velocidad diversa porque me brinda la oportunidad de percatarme de la mía.

Hemos encontrado nuestros roles en la relación. Quizá siempre estuvo claro, pero no lo habíamos reconocido y aprovechado. Yo di el primer paso, él mantuvo la relación viva. Soy una corredora de velocidad; él, de fondo.

Aceptar no quiere decir renunciar a tu naturaleza o conformarte, sino amar lo que es y lo que eres.

Te dejo aquí algunas ideas sobre las relaciones:

- No vemos el mundo como realmente es, sino a través de cómo somos. Hay un refrán que clarifica este concepto: «Lo que dice Juan de Pedro dice más de Juan que de Pedro».
- Si tienes que dejar ir a una persona o una relación, hazlo, porque tu felicidad depende solo de ti mismo/a.

- No todo es perfecto, pero todo es perfecto como es. Parece ilógico, pero es profundamente cierto.

En esta sociedad, aunque naces como un ser puro, con el tiempo desarrollas diversos miedos: al qué dirán, al rechazo, a no cumplir con las expectativas, etc. La vida es un juego en el que, a través de la experiencia, tienes la oportunidad de deshacerte de esos temores que te limitan para volver a la pureza con la que naciste. El camino hacia la muerte es, en realidad, el camino hacia el nacimiento.

Más allá de la dependencia

> «El amor perfecto se moldea fuera del miedo. Donde hay amor, no hay demandas, no hay expectativas, no hay dependencia. Yo no demando que me hagas feliz; mi infelicidad no reside en ti. Si me dejases, no sentiría pena de mí mismo; disfruto enormemente de tu compañía, pero no me aferro a ella».
>
> Anthony de Mello

La dependencia y el amor son dos sendas distintas: en la primera, sigues los pasos del miedo; en la segunda, del amor.

- «No soy feliz si te vas, sin ti no soy nadie». Esta frase podría haberla sacado de alguna canción del verano.
- «Desde mi felicidad decido estar contigo», «no te necesito, te amo». Confío en que algo así será el estribillo de la próxima canción de Eurovisión.

Creo que estamos en un momento fascinante de cambio. Los celos ya no están a la orden del día. Ahora, la última tendencia es aprender a amar.

Aprende a amar a través de las relaciones

- Te animo a elegir no gustarle a todo el mundo.
- Te invito a rodearte de personas que te hagan sentir bien.
- Te invito a rediseñar tus relaciones.
- Te invito a amarte.
- Te invito a identificar las cosas que te incomodan en otras personas y a trabajarlas en ti.
- Te invito a hacer una lista de las cosas que admiras en otras personas y a potenciarlas en ti.
- Te invito a hacer una lista de tus talentos y virtudes.
- Sobre todo, te invito a que lo hagas con humor, porque las cosas pueden ser divertidas.

Naciste como un ser completo y solo; desde aquí, amarás con total libertad.

Reconozco mis reflejos

Las relaciones tienen el potencial de convertirse en espacios de sanación y de evolución maravillosos. No porque saquen lo mejor de ti, sino porque precisamente suele ocurrir lo contrario.

Esto sucede especialmente con las personas más cercanas: tus padres, tus hermanos y hermanas, tus hijos o hijas... En estos espacios, el poder de los espejos es mucho más potente y nos permite reconocer aquello que no queremos ver.

Aquí se esconde la clave: «No dispares al cartero». Nadie culpa al cartero que entrega una multa, por lo tanto, no debemos culpar al espejo que por la mañana nos muestra esa imagen cansada si no hemos dormido lo suficiente.

Tu hija se tira al suelo en el parque y llora porque no quiere irse a casa. Tu hermano no recoge las cosas después de merendar y lo deja todo sucio en casa de vuestros padres. Tu pareja olvida algo que tenía que llevarse.

En todos estos casos nuestra reacción emocional es la que esconde el verdadero mensaje, mientras que nuestra hija, hermano o pareja son simplemente los carteros.

A veces, nos importa más la reacción de nuestra hija en función de dónde estemos. Si se enfada en casa, es muy probable que reacciones de forma distinta a si lo hiciera en el parque o en casa de tus suegros.

Si tu pareja se olvida de algo importante, pero has tenido un buen día en el trabajo, es posible que tu reacción sea diferente a si se le olvida algo importante, pero tu jefe hoy estaba especialmente estresado y lo ha pagado contigo.

El acto en sí, *a priori,* parece el mismo, pero la gravedad con la que lo vivimos es distinta según un momento u otro. ¿Qué cambia? Tú y tu diálogo interior.

La respuesta o la reacción no dependen del mensajero, sino de ti, la persona que recibe el mensaje.

¿Cuál es la diferencia entre reaccionar y responder?

Reaccionamos de forma automática al dejarnos llevar por las emociones. Imagina que la rabia o el enfado que sientes es como un fuego que crece dentro de ti. Si dejas que este fuego te controle, la reacción, seguramente, será explosiva. ¿De qué se alimenta este fuego? De nuestros pensamientos. Si he tenido un buen día, es posible que el fuego sea pequeño, y si he tenido un mal día, es muy posible que el fuego se convierta en un incendio descontrolado.

Por el contrario, cuando respondemos, lo hacemos tras haber reconocido ese fuego en nuestro interior. De este modo, nos permitimos observar y ver que, si podemos sentir esa emoción, no tenemos por qué dejarnos llevar por ella. Responder es reaccionar de forma consciente.

Parece complejo, pero es más sencillo de lo que creemos. Para hacer esto, en muchos casos, basta con detenerse un instante, respirar y observar la emoción en vez de perderte en ella y alimentarla con un diálogo interno, en muchos casos, destructivo.

«Esto no puede ser», «es que siempre...», «con todo lo que yo...». Estos pensamientos alimentan dichas emociones. Si conecto con la respiración y reconozco que esos pensamientos no me definen, dejo espacio para ver que tampoco lo hace esa emoción que se alimenta de ellos.

Desde aquí, me centro en la acción de la persona, no en la persona como tal. Cuando me centro en lo que la persona hace y no en lo que es, resulta mucho más sencillo dejar de perderse.

Tu hija tiene una rabieta, no es una niña mala.

Tu hermano no ha limpiado lo que ha ensuciado, no es un guarro.

Tu pareja ha olvidado algo, no es un desastre.

La diferencia reside en que, en uno, dejamos espacio para la mejora y nos centramos en lo que la persona hace, no en lo que la persona es. En el otro, el prejuicio no deja espacio a mejora, desde aquí no hay diálogo y eso provoca que acabes disparando al cartero.

En muchos casos, las verdaderas causas de una reacción emocional son mensajes del pasado que se han quedado atrapados.

Si tuve una pareja que usaba un determinado perfume y me dejó por otra persona tras una ruptura dramática, ¿qué ocurrirá cuando años más tarde huela por la calle ese mismo perfume? Si no resolví esa emoción y se quedó atrapada, es probable que se activen los recuerdos y las emociones de ese periodo de mi vida, independientemente del tiempo que haya transcurrido desde entonces.

El mensajero, en este caso la persona que camina por la calle con el perfume, se pone a nuestro servicio para que integremos aquello que necesitamos superar.

Michael Brown lo define muy bien en esta frase: «Cuando aprendamos a reírnos de verdad por lo bien y lo frecuentemente que se nos pone a prueba y por el modo en que reaccionamos inconscientemente ante estas experiencias, lograremos finalmente una sonrisa imperecedera».

Porque en esta ruta no te voy a pedir que seas una persona perfecta, que no responda o que reprima sus emociones. Yo también siento rabia y mi objetivo no es dejar de sentirla, sino reconocerla. Te invito a sentir para, después, apreciar que tus emociones no te definen, sino que estas vienen y van. Desde aquí, responder se vuelve algo natural porque, en el fondo, basta con respirar. Recuerda que detrás de cada reacción se esconde un reflejo y un gran aprendizaje.

No tienes que renunciar a tu naturaleza si eres un colibrí, un oso o un gato, pero esto no significa que no puedas convivir con personas diferentes porque las personas más cercanas a ti supondrán tus mayores desafíos, tus mayores reflejos y, al mismo tiempo, serán aquellas que te señalarán el camino hacia tu esencia.

Respiro.

Respira.

No eres tus emociones.

Ruta 14

Define tu faro

—Te importaría indicarme, por favor, ¿qué camino debo tomar desde aquí?
—Eso depende en gran medida de adónde quieres ir —dijo el Gato.
—¡No me importa mucho adónde...! —dijo Alicia.
—Entonces, da igual la dirección —dijo el Gato.

Las aventuras de Alicia en el país de las maravillas, Lewis Carroll

El experto en desarrollo del potencial humano Ken Robinson identifica que cada persona tiene un elemento, es decir, una actividad que despierta su pasión, pero que, al mismo tiempo, supone un desafío que le permite evolucionar y crecer.

Como comentaba en la introducción de este libro, he pasado mucho tiempo en busca de mi propósito en la vida. Hice un largo viaje en el que mi objetivo personal era exactamente ese.

Sin embargo, no encontré mi propósito, pero sí conocí a personas que vivían el suyo y observé que sus decisiones eran mucho más conscientes. No porque alguien se lo dijera o porque estuviera en su lista de objetivos mensuales, sino porque se sentían realizadas y, de forma natural, se cuidaban a sí mismas y al planeta.

Este descubrimiento fue clave porque entendí que no necesitaba más información o tener una lista de objetivos concretos, sino un faro esencial que me guiase en el camino para tomar mejores decisiones.

Imagínate que tienes que ir al médico. ¿A cuál de estos dos escogerías?

1. Una persona cuya planificación semanal establece tener treinta consultas y así batir su récord personal.
2. Una persona que sabe que su propósito, o faro, es mejorar la vida a través de la medicina.

¿Cuál elegirías?

En el primer caso, el foco de atención recae en ese objetivo a alcanzar y la visión en el futuro.

En el segundo, el foco de atención reside en los valores y en el presente.

Yo escogería al segundo porque parece una persona focalizada en su propósito y siento que esto le hace tomar decisiones más centradas en el presente.

Esto que, con el ejemplo del médico, parece tan obvio, no lo es tanto en nuestra realidad.

Vivimos en una sociedad que siempre aboga por tener y hacer más. Hemos normalizado los planes de empresa que priorizan la parte cuantitativa. Contratamos a personas para que nos ayuden a esforzarnos más para obtener mayores objetivos.

¿Y si te dijera que se puede vivir sin objetivos?

¿Y si te dijera que desde que implementé este tipo de trabajo soy mucho más productiva?

Puede parecer una locura, pero soy una emprendedora que no tiene objetivos mensuales ni trimestrales, ni siquiera, anuales. Lo que sí tengo es, como en el caso del segundo médico, un faro esencial que alumbra mi camino.

Un faro es una imagen lejana en la distancia, alineada con nuestros valores, que nos guía, como una utopía. Eduardo Galeano define este último término del siguiente modo:

«La utopía está en el horizonte. Camino dos pasos, ella se aleja dos pasos y el horizonte se corre diez pasos más allá. Entonces, ¿para qué sirve la utopía? Para eso, sirve para caminar».

El objetivo de tener un faro no es alcanzarlo, más bien es caminar con un sentido.

En la ruta anterior hemos visto las claves de las zonas azules, esos lugares donde las personas no solo son más longevas, sino que llevan unas vidas plenas.

En la mayoría de los casos no tienen una lista llena de objetivos ni planificadores perfectos basados en técnicas maravillosas.

Simplemente se guían por lo que consideran prioritario en relación con sus valores.

Cuando empecé a entrevistar a personas que consideraba exitosas descubrí que, en algunos casos, en su vida había un desequilibrio. Me asombraba ver que tan solo habían triunfado en un aspecto de sus vidas y que había muchas otras que quedaban desatendidas. En muchos casos, trabajaban en exceso y sus relaciones o su cuidado personales quedaban en un segundo plano.

Yo corría ese riesgo. Trabajaba de diez a doce horas diarias y cuando no lo hacía, solo pensaba en el trabajo. Siempre había algo nuevo que aprender, algo que mejorar o un concepto nuevo que parecía imprescindible saber.

Cuando me quedé embarazada me di cuenta de que quería ser una madre presente. A nivel físico y, sobre todo, a nivel mental y emocional. Quería estar con mi hijo sin sentir que tendría que estar haciendo otras cosas.

Este fue el «para qué» que dio luz a mi propósito personal: conciliar, mantener el equilibrio en mi vida, se convirtió en mi guía; había descubierto una parte de mi faro.

Pero, entonces, ¿qué pasaría con mi trabajo?

Me encanta mi trabajo y no quería renunciar a esa parte.

Si solo pensaba en conciliar, estaba segura de que me iba a perder muchas cosas importantes para mi proyecto y mi vida. Escogería las actividades que me llevaran menos tiempo y, seguramente, este libro no estaría en tus manos.

Entonces, ¿cómo se consigue ese equilibrio?

Esto lo conseguí al identificar un propósito de vida, que sería la otra parte de mi faro.

Cuando diseñé mi primer propósito de vida no tenía ni idea de qué quería, por lo que fue algo bastante ambiguo. Mi propósito era sentirme plena con mi labor y tener independencia geográfica. ¿Te imaginas un propósito más abstracto?

Con el tiempo, y al caminar, el concepto se definió. Ahora mismo, mi propósito de vida es generar orden tanto en el exterior como en el interior para que nos cuidemos y protejamos el planeta.

Este propósito también tiene sus riesgos.

Si tomase las decisiones solo desde ese propósito altruista, trabajaría unas doce o catorce horas para cumplirlo y, a largo plazo, me habría cansado o habría enfermado.

Estos dos propósitos son lo que me permite tomar decisiones con cabeza y corazón; son la base de mi faro esencial. Te dejo aquí una imagen que lo representa.
El faro esencial que ilumina el camino tiene en cuenta el propósito de vida y el propósito personal para asegurar el equilibrio y el sentido.

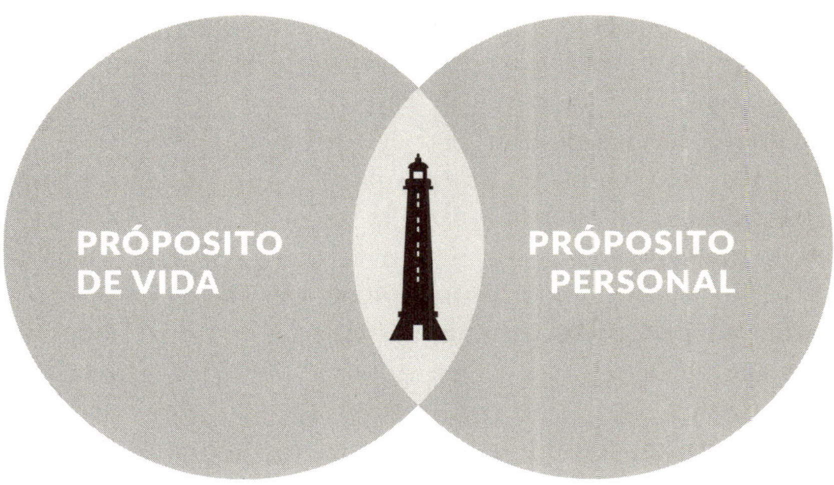

Cómo saber si has elegido bien tu faro

Si es un faro con sentido, estará calibrado.

Las personas, tanto hombres como mujeres, tenemos dos energías principales: la energía femenina y la energía masculina. Estas están vinculadas con dos estados emocionales diferentes: la alegría y el entusiasmo, en el caso de la primera, y la certeza y la determinación, en el segundo.

Un faro esencial bien calibrado fomenta el equilibrio entre estas dos energías.

Si mi faro me inspira únicamente a hacer y crear, tendrá un exceso de energía masculina. Un ejemplo de esto sería una persona que trabaja muchas horas y que se siente vacía porque le falta entusiasmo y alegría.

Si mi faro me inspira únicamente a reflexionar y soñar, pero no me lleva a la acción, contendrá un exceso de energía femenina. Por ejemplo, una persona que tiene muchos sueños, pero que nunca llega a materializar sus ideas y se siente vacía porque le falta certeza y determinación.

La parte más importante del faro no es definirlo de forma detallada, sino, más bien, su capacidad de guiarte con sentido y su poder para devolverte a tu estado esencial.

Cuando te asegures de que tu faro está calibrado, tomarás decisiones desde él de forma muy sencilla.

Cuando me hacen una propuesta o se me ocurre una idea, tengo en cuenta ambos propósitos antes de tomar una decisión.

Me siento una persona plena porque vivo acorde con mi propósito de vida. Aunque este no ha sido ni es un sendero fácil, es un proceso diario de toma de decisiones. En el camino, he abandonado proyectos y a diario me enfrento a la incertidumbre. Y, cuando pierdo el equilibrio, sé que es debido a que mi faro se ha tambaleado en un sentido o en el otro.

Y cuando esto ocurre, no pasa nada.

Con cada caída, aprendemos algo nuevo. Quizá descubres que es el momento de definir algo más en relación con alguno de tus propósitos.

Te levantarás de nuevo y lo volverás a intentar.

Tanto los diamantes como el grafito están constituidos por átomos de carbono, dispuestos de distintas formas. Los átomos de carbono se organizan para formar grafito o un diamante. Cuando nos caemos, significa que nos hemos desorganizado.

El mundo está en manos de quienes se arriesgan a mostrarse al mundo tal y como son a pesar de las expectativas que los demás depositan en ellos. Así, dejan ir lo que se espera de ellos para descubrir y jugar a ser.

Es probable que no tenga sentido vivir en un mundo en el que nuestras necesidades las marcan agentes externos. Ha llegado el momento de decidir cuál es tu faro para que comprendas que tu vida y tu tiempo te pertenecen.

Desde aquí, organizarás tus átomos para convertirte en un diamante y brillar. Recuerda las palabras de Marianne Williamson: «Nuestro mayor temor no consiste en no ser adecuados. Nuestro mayor temor consiste en que somos poderosos más allá de toda medida. Es nuestra luz y no nuestra oscuridad lo que nos atemoriza. Nos preguntamos: "¿Quién soy yo para ser una persona brillante, espléndida, talentosa, fabulosa?". Pero, en realidad, ¿quién eres tú para no serlo?».

Cuando eliges desde tu faro, afrontas la vida de forma plenamente consciente y disfrutas de las oportunidades que te brinda cada día.

Es el momento de compartir nuestra luz porque un faro esencial siempre nos conecta con ella y, de alguna forma, eso implica poner nuestros dones a su servicio porque nos coloca en nuestro elemento.

Tal vez no necesites tener dos propósitos. Quizá te baste con uno, o seas una persona tan conectada consigo misma que no necesites ninguno. Sea como sea, te invito a tener, al menos, un faro, porque si no encuentras algo que te guíe, como en el caso de Alicia en el país de las maravillas, no importará el camino que tomes.

Respiro.

Respira.

No eres lo que haces.

Hacer

Manos a la obra

Aquí te presento una propuesta de plan de acción en relación al verbo hacer.

1. Valores.

¿Qué valores guían tu vida?

Elige los diez valores con los que te identifiques más. Añade alguno que no esté en la lista si lo necesitas.

Acción personal
ambición
amistad
amor
aprendizaje
armonía
atrevimiento
autenticidad
aventura
bondad
carisma
civismo
colaboración
compasión
competencia
competitividad
compromiso
confianza
conocimiento
cooperación
creatividad
dedicación
desarrollo
dignidad
disciplina
diversidad
diversión
ecología
eficacia
empatía
equilibrio
espiritualidad
espíritu artístico
estabilidad
excelencia
éxito
fama
familia
fe
felicidad
flexibilidad
generosidad
gratitud
honestidad
humor
igualdad
independencia
individualidad
integridad
intimidad
inventiva
justicia
lealtad
libertad
liderazgo
lógica
optimismo
orden
pareja
participación
pasión
patriotismo
paz
persistencia
pertenencia
poder
precisión
progreso
puntualidad
realización personal
religión
responsabilidad
riqueza
sabiduría
salud
seguridad
serenidad
servicio
sexualidad
silencio
sinceridad
soledad
solidaridad
trabajo
tranquilidad
tribu
valentía
veneración
verdad
vitalidad

Ahora elige siete valores de tus diez y, de esos siete, escoge cuatro: estos serán tus puntos cardinales.

2. Foco

Una de las definiciones de enfocar según la Real Academia Española es: «Proyectar un haz de luz o de partículas sobre un determinado punto».

Esto es lo que te propongo: enfoca tu energía. En la ruta catorce valoramos el concepto del faro esencial.

A partir de lo que has identificado, te invito a que elijas tu/s propósito/s para que decidas dónde poner el foco:

- Mi propósito personal es:

  ....

  ....

  ....
- Mi propósito de vida es:

  ....

  ....

  ....

Una vez tengas tu foco, el desafío será no perderse entre las distracciones.

Para no perder el norte, te invito a caminar paso a paso, día a día, en esa dirección con tu diamante diario.

3. Un diamante al día

La mejor forma que conozco de hacer que tu tiempo brille es elegir el diamante del día, es decir, esa actividad que te hace deslumbrar.

El presidente Dwight D. Eisenhower dijo una vez:

«Las decisiones más urgentes rara vez
son las más importantes».

Este autor propuso una matriz que, en forma de cuadrante, identificaba tareas o actividades urgentes e importantes, otras urgentes y no importantes, otras no urgentes e importantes y, por último, las no urgentes y no importantes.

Aunque en el día a día priorizamos lo urgente, que muchas veces es importante, y, en otros casos, creemos que es importante, el diamante del día te invita a elegir esa tarea que consideras importante pero no urgente y que, con toda probabilidad, si no priorizamos, se aplace una y otra vez a esa categoría de «algún día» que, lamentablemente, como hemos visto, muy a menudo es sinónimo de «nunca».

Los diamantes diarios son actividades que llevas a cabo en tu día a día, importantes y no urgentes, que te hacen brillar y que, de alguna forma, están alineadas contigo.

Cansada de irme a dormir con la sensación de que había pasado el día ocupada, pero sin hacer nada que de verdad mereciese la pena, decidí priorizar una única actividad a la que llamé «diamante» y que era algo importante para mí.

A veces, cuando explico este concepto del diamante diario, mis oyentes tienen problemas para identificar el suyo.

¿Es siempre algo productivo? No. Si tienes hijos/as y muchas actividades por hacer, tu diamante diario sería tener dos horas de soledad, darte un baño o leer un libro.

¿Un diamante es un hábito? No. Es una actividad que haces puntualmente. Si es algo que haces a diario, por mucho que te haga brillar, no es tu diamante.

¿Por qué solo debo tener un diamante? Esta es una propuesta minimalista que identifica que menos con más sentido es mejor. En vez de tener listas infinitas de objetivos prioritarios que generan estrés y altas expectativas que no siempre se acaban cumpliendo, se propone identificar una actividad con sentido que se prioriza. No quiere decir que sólo hacemos esto, sino que nos aseguramos de que este diamante no se cae porque es importante y le hemos hecho espacio. Igualmente recuerda que esto es sólo una propuesta a valorar.

¿Cuándo tengo que llevar a cabo el diamante? Cuanto antes, mejor. De hecho, lo mejor sería realizarlo por la mañana, antes de conectar con el mundo exterior y las exigencias que afloran en el día a día. No siempre será posible, y eso está bien, pero recuerda que lo que no programamos es mucho más difícil de lograr.

El diamante es algo que te hace sentir bien, aunque muchas veces supone salir de la zona de confort. A veces es darte un baño o dedicarle media hora a un curso que te interesa. Quizá sea decir que no a algo o leer o escribir el primer capítulo de ese libro que hace tanto que quieres escribir… Cada día es diferente. Es esa actividad que elijo priorizar hoy y que, si no lo hiciera, sé que no la llevaría a cabo porque hay cosas más urgentes. Siempre es una actividad importante, pero nunca urgente.

Por ejemplo, ir a trabajar no sería tu diamante si es algo que haces a diario o de forma intermitente pero constante. Escribir un artículo, preparar un boceto de proyecto concreto, visitar a una persona…, estos sí podrían ser diamantes diarios.

Convierte en un diamante aquella actividad que nazca de la curiosidad más que del miedo.

Si tienes que presentar los papeles de la declaración de la renta por miedo a que se te pase el plazo, puedes tenerlo en la agenda. Pero ¿te hace brillar?

Te invitaría a usar los diamantes para realizar esas actividades que te producen curiosidad. Ese curso de yoga facial, la clase de piano o hacer la cubierta de ese libro que llevas dentro.

Te aseguro que, si cada día identificas y haces tu diamante, nunca más te irás a dormir con la sensación de que has perdido el tiempo.

Cada mañana, al despertar, la vida te brinda un maravilloso regalo que son las veinticuatro horas del día y una oportunidad para priorizar aquello que te hace brillar.

Cuarta parte:

El verbo ser

Yo soy
Tú eres
Él o ella es
Nosotros o nosotras somos
Vosotros o vosotras sois
Ellos o ellas son

«Camina lento, no te apresures, que al único lugar a donde tienes que llegar es a ti mismo».
José Ortega y Gasset

Ruta 15

Lo que crees que te falta

«No importa lo que haya hecho ni cuánto quede por hacer; al final del día soy suficiente tal cual soy».
BRENÉ BROWN

El otro día tuve una revelación durante una sesión con un mentor.

A lo largo del embarazo únicamente leí uno o dos libros sobre el proceso, pues confiaba en mi cuerpo. Tras el parto, en cambio, devoré libros sobre cómo criar a un bebé. Solo sobre el sueño infantil habré leído más de veinte libros.

—Creo que soy mejor madre cuanto más sé y cuanto más me esfuerzo —le dije.

—Lucía, me dan ganas de llorar —me contestó—, porque ambos sabemos lo que viene detrás de eso.

«Y eso no es verdad».

La maternidad ha reavivado muchas dudas y miedos que creía superados y que, de repente, han aparecido con más fuerza si cabe.

Tener más información y hacer más no solo no da las respuestas, sino que, en muchos casos, genera mucho ruido que hace que escuchar sea más difícil.

Parece que siempre nos falta algo.

Y ¿no es lo que fomenta la cultura?

Fui minimalista por elección hasta que nació mi hijo. Ahora lo soy por necesidad.

La insatisfacción infinita

Cuando conseguimos una meta, necesitamos una más grande.

Esta es una sensación generalizada con la que nos proponemos metas que, tal vez, nunca alcanzaremos y renunciamos a la felicidad que nos brinda el presente por pensar siempre en llegar más allá.

Perdemos la capacidad de apreciar las maravillas del presente por culpa de un futuro que ni siquiera existe.

Mi mayor aprendizaje ha sido conseguir la vida de mis sueños por partida doble.

Primero, conseguí aquello que creía que quería y que estaba bajo la influencia del mundo que me rodeaba: una carrera, un trabajo en la mejor organización de mi sector, un buen sueldo, etc. Después, logré aquello que venía de mi interior, es decir, de mis sueños.

Hace unos años hice mi tablón de visión, que consiste en representar aquello que quieres conseguir a través de imágenes. Incluye tanto símbolos de cómo te quieres sentir como aspectos materiales concretos de aquellos logros que te gustaría alcanzar.

Quería formar una familia, difundir el minimalismo, aportar valor a miles de personas y cobrar 33 000 € anuales.

Me lo propuse como un plan de cinco años y lo conseguí todo en un año y medio. Tal y como lo había soñado.

De hecho, incluso señalé en el mapa el lugar donde quería vivir, una urbanización de treinta casas en una zona muy concreta de un parque natural.

Me puse una alarma y en cuanto una de esas casas estuvo disponible, fuimos los primeros en visitarla y allí nos quedamos.

La ley de la atracción funciona, lo conseguí todo con el más mínimo lujo de detalles, pero todavía me sentía insatisfecha.

Revisé mi tablón de visión y coloqué las metas más altas. Ahora viajaremos por el mundo con nuestro hijo, haremos carreras, duplicaré mis ingresos...

De camino a ese destino, la vida me detuvo.

Imaginé a Dios mirándome desde el cielo, suspirando y negando, la cabeza con desaprobación mientras le decía a uno de los ángeles:

—Parece que todavía no lo ha entendido. Tendremos que hablarle un poco más alto.

No estaba en nuestra ruta, pero sospecho que después de esa conversación con el ángel, este nos puso las señales que nos llevaron a un lugar muy concreto en la India: una comunidad espiritual en el sur del país.

Allí pasamos unos meses e intentamos aprovechar el tiempo para trabajar.

La realidad es que la vida tenía una lección muy importante que regalarme. Al poco de llegar, descubrí que donde vivíamos no había internet, más bien no funcionaba.

Después de mucho buscar, encontramos un lugar a unos quince kilómetros desde el que conectarnos.

«Genial —pensé—. Puedo venir dos veces a la semana y concentrar en unas horas todo el trabajo que tengo que hacer».

Al día siguiente de haberlo encontrado, el ordenador no se encendía. Un ordenador con poco más de un año, que era de los mejores portátiles que existían cuando lo compré. Lo llevé a arreglar a un lugar inhóspito que tenía una imagen borrosa de una manzana como logo mientras rezaba para que no se quedaran con ninguna pieza.

Dos semanas más tarde, me lo devolvieron sin haberlo solucionado y me vi forzada a aplazarlo todo: la nueva edición del curso de la casa, los vídeos que tenía preparados y el proyecto en el que estaba trabajando con un socio.

—Me quiero ir de aquí —le dije a mi pareja.

Nos dirigimos a un bar para buscar billetes para marcharnos a otro país. En ese momento, levanté la vista y vi a Juan.

Habíamos conocido a Juan al poco de llegar allí. Era un español un tanto curioso con una larga barba y aspecto de sabio. Aquel día hablamos poco y nos indicó cómo llegar a una playa que no encontramos.

El día del bar hablamos mucho más. Creo que vio mi cara e intuyó que ocurría algo porque me dijo con media sonrisa:

—¿Va todo bien?

Me abrí a él.

—Siento que este lugar me está echando —le dije.

Juan se echó a reír.

—Esta comunidad te mostrará aquello de lo que huyes, pero magnificado —me explicó.

Acababa de salir de una relación de pareja y estaba en proceso de sanar la relación con su hija. Sin embargo, la conversación no giró en torno a él, sino a mí.

Hablamos de criar a los hijos, de parejas, de la vida, de los prejuicios y de la voz que habla dentro de nuestras cabezas. Su vulnerabilidad y humanidad me conquistaron.

Me habló de que había tenido un sueño sobre construir una escuela en Nepal y de cómo, a lo largo del proceso, mientras elegían al profesorado, había sido consciente de que ese sueño radicaba en la mente y no en el corazón.

Me vi reflejada en sus palabras. Su experiencia me aportaba paz y respondía a mis propias preguntas.

—¿Y si todo está bien así? —me preguntó y continuó—. La vida es como las olas. Hay momentos en que estás en la cresta, donde todo fluye, y otros en los que la ola te golpea en la cara y te deja sin respiración. A veces necesitamos esos golpes para prepararnos para la siguiente ola y ser capaces de surfearla. El pequeño pueblo de España de donde vengo es similar a este lugar de la India —me decía—. Aquello de lo que huyes te acabará encontrando aquí o en la otra punta del mundo.

Después de esta conversación, dejé de buscar billetes para escapar, anulé todos mis proyectos y me apunté a clases de surf.

Llenamos vacíos emocionales

Como hemos visto, tendemos a acumular tanto en lo que a objetos materiales se refiere como a objetivos, amistades, hábitos, dinero, poder, etc. Y también lo hacemos, en exceso, con ideales como la necesidad de que nos respeten, la libertad, la pasión, la diversión, la búsqueda de aprobación, el éxito o la valoración personal.

Incluso el término *«carpe diem»* se convierte en una forma de consumismo que busca anestesiar un sentimiento de vacío interior si se entiende de forma errónea.

Esto puede sonar algo controvertido, pero pensar en tener hijos como una necesidad es igual de absurdo que creer que necesitas el último modelo de ordenador.

Socialmente parecen incomparables y no reciben la misma aceptación, pero la energía en la que se basan es la misma.

No eres más o menos por tener hijos o hijas de la misma forma que no eres más o menos por tener el último modelo de ordenador.

Cuando planteamos nuestros ideales como necesidades absolutas nos limitamos y cerramos a la experiencia de la vida.

Cuando reduzco la felicidad a una única posibilidad en el futuro, me la estoy negando de forma indirecta. Si para que yo sea feliz tiene que cumplirse el ideal que me he marcado, ese ideal me aleja de sentir felicidad ahora.

No, no hay nada malo en tener ideales, pero no son lo mismo que las necesidades imprescindibles.

Porque recuerda que «si no eres feliz con lo que tienes, con lo que te falta tampoco».

Ya sea un bebé, un ordenador, más libertad o sacar ese proyecto adelante. Existe un antiguo cuento zen que narra lo siguiente:

Había una vez un ratón que vivía atemorizado por un gato. Un día, un mago se apiadó de él y lo transformó en un ágil felino. Entonces, el pobre animal se asustó del perro. El mago lo convirtió en un fuerte can con la varita. Pero, al poco tiempo, el ansioso animal temió al tigre. El mago, aunque ya estaba un poco cansado, lo transmutó en un poderoso tigre. En ese momento, le entró un ataque de pánico ante la presencia de un cazador. El mago suspiró, pues estaba cansado de trabajar tanto. Cogió la varita, la alzó y dijo:

—¡Te convertiré en un ratón y esta vez será para siempre! Nada de lo que yo haga servirá porque primero tienes que aprender a ser feliz como un ratón.

Y sí, como protagonistas de este cuento, primero tenemos que aprender a ser felices con aquello que tenemos.

Mira a tu alrededor. ¿Hay algo que puedas apreciar ahora?

En ocasiones se nos olvida lo maravillosos que son los detalles de nuestro día a día y de apreciar la magia de lo mundano. En la cola del supermercado, en una conversación con la vecina, con tu madre o un amigo, en el desayuno... Cada momento es especial. Einstein afirmó que «hay dos formas de ver la vida: una es creer que no existen los milagros y la otra es creer que todo es un milagro. Yo prefiero creer que todo es un milagro».

Una de las cosas que más recuerdo de cuando era pequeña es el beso de buenos días que mi madre me daba cada mañana al despertar. Quizá, para ella, fuera un movimiento mecánico, pero para mí es un recuerdo mágico. Si cierro los ojos, soy capaz de escuchar su voz.

¿Tienes algún recuerdo así?

La vida transcurre con la unión de estos pequeños milagros que, a veces, pasamos por alto, pero que siempre nos regalan una ocasión perfecta para reconectar con nuestra esencia.

Y si ahora eres feliz, ¿qué elegirías desde ahí?

Tal vez escojas tener un hijo como ideal o comprar el último modelo de ordenador, pero esto no sería una necesidad absoluta.

En una de las lecciones del libro *Un curso de milagros* se lee: «La luz ha llegado». Quizá la luz ya está aquí y, simplemente, necesitamos reconocerla.

Respiro.

Respira.

Eres lo que eres.

Ruta 16

El poder de la flexibilidad

«No merece la pena esforzarse; más que ayudar a encontrar lo que se busca, el esfuerzo tiende a dificultarlo. No conviene resistirse, sino entregarse. No empeñarse, sino vivir en el abandono. Tanto el arte como la meditación nacen siempre de la entrega; nunca del esfuerzo. Y lo mismo sucede con el amor».

Pablo D'Ors

¿Cuál es el opuesto de flexibilidad? Si lo buscamos en un diccionario nos aparecerá el término «rigidez». No obstante, yo creo que es «control».

¿Cuál sería un sinónimo de control? Falta de confianza.

Lo contrario a vivir desde una esencia minimalista es vivir bajo la tiranía del control debido a la falta de confianza. Aquí se esconden los «por si acaso».

Los primeros «por si acaso» que descubrí, y que todavía veo en muchas personas a las que acompaño, son materiales.

- Ahora me dedico a otra profesión, pero por si acaso necesito esos apuntes, los voy a guardar.
- Por si acaso me hace falta esa manta que no utilizo desde hace años, la guardo.

Con el tiempo, los «por si acaso» se vuelven más sutiles.

- Por si acaso necesito ese título…

O incluso menos materiales:

- Por si acaso encuentro en esa persona la respuesta que necesito con relación a mi cuidado personal.

Mientras estaba en el retiro de Brasil, donde este libro comenzó a tomar forma, tuve la oportunidad de hablar con una palmera.

No sé si la palmera me contestaba, si era yo hablando conmigo misma debido a la locura o, más probablemente, al aburrimiento.

Esas conversaciones que mantuve con Raúl, así bauticé a la palmera que estaba justo enfrente de mi hamaca, fueron reveladoras.

Y, hasta hoy, lo considero uno de los mayores maestros de mi vida.

Un día de mucho viento, mientras veía cómo las hojas de Raúl se agitaban con fuerza, le pregunté:

—¿No te molesta el viento?

—¿Molestarme? —respondió Raúl con tono divertido.

—Sí. ¿No te molesta el viento? Ayer hacía sol y corría una ligera brisa, pero hoy este viento es mucho más agresivo. ¿No te molesta? —repetí la pregunta.

—No, Lucía —me respondió con cariño—. El viento no me molesta —prosiguió—. De hecho, no me resisto a su presencia, más bien bailamos juntos.

—¿Bailar? —pregunté asombrada.

—Sí, es algo así. Cuando el viento llega, no me resisto, sino que muevo las hojas a su compás. Si cambia de dirección o de intensidad, mi respuesta y mis movimientos también lo hacen, como si de una danza se tratase. Cada día bailo con aquello que se presenta, con la brisa más ligera los movimientos son más sutiles, casi imperceptibles, pero no por ello más o menos bellos; con el viento más fuerte, son más intensos, aunque no por ello más o menos hermosos. Para mí es un honor abrirme y entregarme a lo que la vida me regala en el presente.

—¿Por eso no te rompes? —le pregunté.

—Sí, Lucía, exactamente por eso. Y tú puedes hacer lo mismo.

Sin excepción alguna, cada situación de mi vida en la que he sufrido ha estado marcada por una cierta rigidez por mi parte, un deseo de tomar el control y, sobre todo, por una falta de confianza.

Cuando volví de Bangladesh, tenía una visión tan radical del mundo que juzgaba abiertamente a las personas que pasaban el fin de semana comprando en negocios de *fast fashion*.

Esto no me sirvió de nada, la verdad. No solo no cambió el comportamiento de las personas que me rodeaban, sino que me llenó de rabia y de rencor hacia la sociedad, en general, y de culpa hacia mí misma por los privilegios que la vida me había otorgado. Sin embargo, en lugar de luchar contra el viento, me flexibilicé y bailé con él, igual que Raúl.

Cuando permito a las personas ser ellas mismas, cuando dejo de luchar, de querer tomar el control, cuando ya no necesito que cambien de forma de ser mágicamente, en algunos casos, cambian.

Un día, mi madre me dijo que estaba revisando su casa y que tenía dos bolsas llenas de ropa para donar. Otro día, después de una carrera, fui a casa de mi tía a desayunar con ella y vi que tenía tres cajas con cientos de libros que donar en la entrada.

Es curioso porque cuanto más amo a las personas de mi alrededor, cuanto más las acepto, es cuando más espacio les dejo y les permito tomar sus propias decisiones.

En el fondo, no sé qué es lo mejor para mí. Muchas veces, lo que quiero no es lo que necesito, sé que te lo he dicho, pero te lo repito porque la vida siempre me lo recuerda.

Entonces, ¿cómo voy a saber qué es lo mejor para ti?

Quizá, como me ocurrió con Raúl, juzgo que el viento es algo negativo en tu vida, pero tal vez es justo lo que necesitas para aprender a bailar de una forma determinada.

Es posible que, en alguna de las rutas, parezca que me contradigo. Hay una parte de mí que sigue trabajando en este aspecto, por tanto aquí quiero confirmarte que estoy improvisando y que mi vida es mucho mejor desde que lo hago.

Cuando me apunté a clases de surf, como te contaba en la ruta anterior, en la primera clase me levanté y surfeé con cierta facilidad. El día de la segunda clase, llegué llena de optimismo, pues si en la primera clase había conseguido ponerme en pie, en esta lo haría desde el primer momento. Cuál fue mi sorpresa cuando me percaté de que me costaba más de lo que imaginaba. Mi profesor me pedía que me relajase, pero yo solo pensaba en mantener las rodillas flexionadas, mirar a la orilla, subir con decisión a la tabla y alinear los pies. Todo ello me impedía disfrutar de la clase y, curiosamente, me alejaba de mi objetivo.

La perfecta imperfección

Rebecca Solnit lo resume muy bien con esta frase:

«Creemos en la perfección, que arruina todo lo demás, porque lo perfecto no es solo el enemigo de lo bueno; también es el enemigo de lo realista, lo posible y lo divertido».

Las flores no son perfectas y, al mismo tiempo, todas son bellas. Las ramas de un árbol tampoco lo son y eso crea algo que nos fascina.

No quiero que tengas la casa perfecta ni que trates de ser una persona perfecta.

Céntrate en la mejora continua.

El término «*kaizen*» es de origen japonés y significa «cambio para mejorar», aunque con el tiempo se ha aceptado su transliteración a «mejora continua». Yo prefiero la traducción de Marcos Cartagena: «Evolución en vida».

La vida está sometida a cambios constantes, no se detiene. El universo está en constante expansión y tampoco se para. Por tanto, es natural que las personas estemos en constante evolución.

El *kaizen* es una filosofía que se apoya en dos conceptos: la gradualidad y la continuidad.

¿Cuál es la diferencia entre la perfección y la mejora?

La perfección provoca un sentimiento de frustración o insatisfacción que te paraliza, mientras que la mejora te insta a seguir caminando. Aunque veas que todavía te quedan pasos por dar, interprétalo como un aliciente para continuar.

Me gustaría cerrar esta ruta con una frase adaptada que hace tiempo que guía mi proceso creativo. La extraje del texto *Libera tu magia* de Elizabeth Gilbert. Para ello, voy a sustituir la palabra «creatividad», que aparece en el texto original, por el término «vida».

«La vida es sagrada y no lo es. Lo que hacemos importa enormemente y no importa en absoluto. Vivimos solos y nos acompañan los espíritus. Estamos aterrados y somos valientes. La vida es una tarea aplastante y un privilegio maravilloso. Solo cuando mostramos nuestra actitud más juguetona la divinidad puede ponerse seria con nosotros. Haz espacio para que todas estas paradojas sean igualmente verdaderas dentro de tu alma y te prometo que lograrás cualquier cosa que te propongas. Así que, por favor, cálmate y vuelve a vivir. Los tesoros que se esconden dentro de ti esperan a que digas que sí».

Cuando aceptamos que estamos jugando y que no sabemos, renunciamos a la necesidad de tener certezas y nos abrimos a la incertidumbre. Es entonces cuando permitimos que un conocimiento más esencial opere a través de nosotros.

Me encantaría decirte que he escrito este libro desde este punto de vista. Lo cierto es que hay algunas partes en las que esto ha sido así y otras en las que no. Hay partes en las que he surfeado y otras en las que me he esforzado por surfear sin conseguirlo.

Creo que la flexibilidad está muy relacionada con la danza de la que me hablaba Raúl y, de corazón, siento que es lo que nos permite abrirnos a la vida y amar lo que es.

¿Bailas?

Respiro.

Respira.

Eres lo que eres.

Ruta 17

Deja espacio para la magia

«Todos los problemas de la humanidad provienen de la incapacidad del hombre de sentarse tranquilamente en una habitación a solas».
Blaise Pascal

El origen del Día de Todos los Santos se remonta al Samhain, la festividad celta más importante, que se celebraba la noche del 31 de octubre al 1 de noviembre.

Los celtas festejaban el final de las cosechas y lo consideraban su Año Nuevo. Simbolizaba el paso de un año al otro, un momento en el que las fronteras entre lo físico y lo espiritual se diluían.

De aquí, aparecieron la fiesta de Halloween y el Día de Todos los Santos, unas fechas en las que se reconoce la muerte y se conecta con el duelo.

Hace tiempo leí a una autora especializada en acompañar a personas que estaban a punto de abandonar este mundo y había encontrado patrones que se repetían.

Elisabeth Kübler-Ross identificaba las cinco etapas del duelo del siguiente modo:

- Etapa de la negación.
- Etapa de la ira.
- Etapa de la negociación.
- Etapa de la depresión.
- Etapa de aceptación.

No siempre todas están presentes y saber de su existencia tampoco evita que tengamos que pasar por ellas. Sin embargo, normaliza el proceso y facilita la gestión de las emociones. Es probable que nunca dejes de sentir ira, pero estarás tranquilo/a y no te juzgarás al saber que ese sentimiento forma parte del proceso.

Lo que yo he descubierto es que esto no se aplica únicamente a la pérdida de un ser querido, sino que también se emplea en otros aspectos en los que debemos dejar ir, pero oponemos resistencia.

A lo largo de nuestra vida, nos despedimos de muchas cosas. Unas veces de forma natural y otras, de forma forzosa. Algunas pérdidas son muy visibles a nivel físico: pertenencias, trabajos, mascotas, etc. Otras, en cambio, son algo más sutiles, como las creencias o los ideales.

En muchos casos, revisar la casa o la agenda lleva consigo renunciar a sueños, esperanzas e ilusiones de nuestra juventud, entre otras. Cada vez que priorizamos, estamos renunciando a algo.

Eres quien eres gracias a lo que priorizas y, al mismo tiempo, a lo que dejas ir. Y, aunque es muy necesario, nadie nos enseña a dejar ir ni a entregar.

Hemos aprendido a tener sueños, objetivos e ideales, pero nadie nos prepara para dejar ir esos ideales cuando nos resultan incómodos o nos limitan en nuestro día a día.

Al mover objetos en un espacio físico, movemos también esa parte intangible. ¿Por qué nos cuesta dejar ir determinadas cosas? Porque están vinculadas a un ideal, a una creencia o a un valor que sentimos que es importante.

Lo que produce el duelo y el sentimiento de pérdida es el apego, y este, a su vez, es el causante de nuestro sufrimiento. El apego a algo concreto no indica si te importa más o menos.

Si, por ejemplo, tenemos apego a un libro que podría estar en una biblioteca municipal al alcance de otras muchas personas, un acto de amor sería liberarlo porque desde ese amor decides compartir, no retener.

Esto no significa que dones todos los libros, sino que no eres más amante de la lectura por tener más libros. Lo que demuestra nuestro amor por las personas, o incluso por los libros, es el tiempo y la atención que les dedicamos, no nuestra dependencia.

Para crear armonía en la vida es imprescindible dejar ir aquello que no está alineado con tu presente. Esto, en ocasiones, es más sencillo que en otras, pues también sientes apego hacia tus creencias e ideales.

Conocer las etapas del duelo nos sirve para saber que es posible pasar por ellas a lo largo de este proceso de reconexión con nuestra esencia minimalista. Incluso con objetos físicos.

Mientras revisaba el último borrador del libro, perdí el documento sobre el que llevaba semanas trabajando. Respiré. Pasé por algunas de las etapas del duelo: negación, ira, tristeza, negociación y aceptación. Conocerlas no me evitó pasar por ellas, pero facilitó la transición porque no rechacé lo que sentía. Esto me hizo aprender a muchos niveles y me permitió entregarme y confirmar que la vida no está en nuestra contra, sino a nuestro favor. Cada pérdida lleva intrínseca la posibilidad de aprender algo nuevo y, de hecho, ahora agradezco haber perdido el documento porque me ha permitido verme y compartir esta reflexión contigo.

Cuando dejamos ir, de forma voluntaria o, como en mi caso, de forma forzosa, dejamos espacio, aunque esto no evita que, en algunos casos, necesitemos pasar por las etapas del duelo hasta alcanzar esa aceptación.

Escucharnos en el silencio

> «¡Párate! ¡Mira! Eso es lo que escucho cuando medito. Y si secundo estos imperativos y me paro y miro, entonces, surge el milagro».
>
> Pablo d'Ors

Tengo un amigo que tiene un grupo de música *rock*. En su último disco grabaron la última canción, que le da título, *Silence Brings Life* ('El silencio trae la vida'), a un tempo especialmente lento. Cuando escuchas la canción, el silencio entre los acordes te hace partícipe de tus propios pensamientos y emociones. Así, el oyente se convierte en el protagonista de los vacíos. Y, aunque ha recibido alguna crítica entre los seguidores, es una canción que emociona y ayuda a reconectar con la belleza de ese instante.

Apreciar una canción que te ayuda a escuchar el silencio es algo nuevo. Si hace cinco años alguien me hubiera dicho que habría pasado veintiún días de mi vida aislada en una cabaña, me hubiera reído.

Era algo imposible para mi yo de dieciocho años, pero esa persona ya no existe. Hay estudios que demuestran que somos personas cambiantes. Cada siete años todas las células del cuerpo cambian. Lo único que se mantiene de aquella persona que eras cuando empezaste el colegio es tu nombre.

La presencia es la actividad más sencilla y, a la vez, la más compleja. La primera porque no necesita ninguna condición específica para que la desarrolles, mientras que la segunda se debe a que estamos tan acostumbrados/as a dejarnos llevar por nuestros pensamientos que, al principio, es difícil motivarse para sentarse y ser consciente del barullo mental.

Richard Davidson, neurocientífico de la Universidad de Wisconsin, llevó a cabo un experimento en el que descubrió cómo, a través de la meditación, las personas alcanzan un mayor bienestar social y establecen conexiones entre la meditación, el cerebro y el bienestar personal. En el estudio participaron diversos monjes budistas entre los que se encuentra Matthieu Ricard, un famoso bioquímico que dejó su carrera hace treinta y cinco años y se convirtió al budismo. Desde entonces, ha escrito diversos libros sobre la felicidad. Además, se le considera una de las personas más felices del mundo.

La neuroplasticidad, las experiencias y la práctica diaria provocan cambios físicos en el cerebro y establecen nuevas conexiones. Esto significa que somos responsables de nuestra forma de pensar y de lo que aprendemos.

¿Por qué practicar la presencia? Porque es la mejor forma de calmar la mente, desarrollar la atención y traer paz interior, que te vacía y, al mismo tiempo, te llena por dentro.

¿Qué técnica elijo? Hay muchas técnicas a tu alcance y muchos soportes que te ayudarán, sobre todo al principio. Hay programas concretos, como los veintiún días de Deepak Chopra, o retiros de meditación, como el Vipassana, pero también existen aplicaciones móviles que te apoyarán en tu camino hacia la paz mental, o incluso propuestas de *mindfulness* o escritura automática.

La clave es que se convierta en una rutina que extrapoles al resto de los ámbitos de tu vida.

Tim Ferriss, un autor de renombre por obras como *La semana laboral de cuatro horas*, tiene un programa de radio en el que entrevista a personas de éxito. Una de las preguntas que siempre les hace está relacionada con los rituales diarios de cada uno. A lo largo de los años de emisión, sacó algunas conclusiones. Una de ellas es que todas ellas dedicaban un tiempo a la contemplación, aunque no a una técnica en concreto. Simplemente, se concentraban en estar presentes.

En 1993, se llevó a cabo un interesante experimento en Washington. Más de cuatro mil voluntarios de diversos países se reunieron para meditar. La intención era demostrar que un gran grupo de personas meditando influiría en la tasa de actos violentos. El cuerpo policial, que *a priori* se mostró escéptico, acabó colaborando en el estudio, cuyos resultados demostraron que la tasa de criminalidad se había reducido un 25 por ciento.

Dejar espacio para la magia: oasis de claridad

A veces tenemos tantas cosas que hacer que creemos que, si nos detenemos, perderemos el tiempo. No obstante, muchas veces es lo que necesitamos para recuperar el foco y la energía.

No sé si a ti también te ocurre, pero, en ocasiones, siento que me pierdo en el día a día y me percato cuando veo que no llego a todo. Por ello, hace años que practico una actividad a la que he bautizado como «el oasis de claridad». Escogí un oasis porque, en medio de un día lleno de cosas por hacer, este espacio es un oasis en el que reponer las fuerzas.

En su libro *La magia de la metáfora* Nick Owen cuenta que un canadiense y un noruego quedaron finalistas en el campeonato mundial de leñadores. A cada uno se le adjudicó un sector del bosque y el que talara más árboles se proclamaría ganador. Tras cincuenta minutos de aparente igualdad, el canadiense oyó que el hacha de su contrincante se detuvo, por lo que aprovechó para redoblar sus esfuerzos. Diez minutos más tarde, el noruego empezó de nuevo. Talaban e intercambiaban golpes hasta que el canadiense oyó que el noruego se detenía otra vez. Aprovechó el parón de su contrincante para continuar y sacar el mayor partido posible de la debilidad de su adversario. Diez minutos más tarde, el noruego retomó la competición. Esto se sucedió durante varios periodos de tiempo a un ritmo similar, el canadiense siguió a su ritmo regular y constante con la certeza de que iba a ganar. Cuando el tiempo finalizó, se hizo el recuento de árboles cortados y cuál fue su sorpresa cuando el canadiense descubrió que había sido vencido.

—Cada hora parabas durante diez minutos. ¿Cómo es posible que hayas talado más árboles que yo? —preguntó al noruego.

—Es muy sencillo. No me detenía, afilaba el hacha.

En el taoísmo hay un concepto llamado *«wu wei»* y, aunque se suele traducir como «no acción», lo cierto es que es algo similar a saber cuándo hay que actuar y cuándo no.

El ejemplo de los leñadores nos enseña que, a veces, creemos que para hacer más o mejor debemos actuar constantemente, pero esto no siempre es así. En muchos casos, lo mejor que podemos hacer es detenernos para, así, afilar el hacha.

Imagínate a una persona perdida en un desierto que quiere llegar a casa, pero no sabe a dónde ir. ¿Qué sucedería si encontrara un oasis donde recargar agua, tomar un merecido descanso, buscar su faro y comenzar de nuevo? Se recuperaría.

Eso es el «oasis de claridad», un lugar donde, en medio de esa lista interminable de actividades por hacer, te tomas una pausa para recuperar el foco, identificar las prioridades y reconectar.

¿Cómo puedo tener un «oasis de claridad»?

La única forma de tenerlo es si lo construimos. A veces creemos que tomarnos un momento de descanso es perder el tiempo, pero no es así.

Por ejemplo, yo programo periódicamente en la agenda un tiempo específico denominado «oasis de claridad».

Un tiempo dedicado a mí misma, un momento de quietud, un espacio en el que reconectar con mi faro. Ese oasis es para descansar, reconectar y reactivar la energía; no es un espacio para hacer tareas pendientes.

Tal vez creas que es una actividad egoísta, pero no opino que sea así. Al regalarnos un espacio para reconectar y escuchar el silencio, mejoramos nuestras relaciones con los demás. ¿Cómo es posible? Porque disminuye el estrés, tomamos decisiones con más claridad y mejoramos la comunicación y la organización de nuestras vidas.

Te propongo programar, ahora mismo, tu oasis de claridad, un espacio de 10, 15, 30 o 60 minutos en el que simplemente reconectes con tu faro porque ha llegado el momento de afilar el hacha y dejar espacio para la magia.

Respiro.

Respira.

Eres lo que eres.

Ruta 18

Minimalismo mental

«He aquí un ejercicio espiritual que puedes practicar: no te tomes tus pensamientos demasiado en serio».

ECHART TOLLE

Ya lo decía el filósofo griego Epicteto: «No nos afecta lo que nos sucede, sino lo que nos decimos acerca de lo que nos sucede».

Señoras y señores, esto es lo más terrorífico que nunca he presenciado... ¡Espera un minuto! Alguien avanza desde el fondo del hoyo. Alguien..., o algo. Veo escudriñando desde ese hoyo negro dos discos luminosos... ¿Son ojos? Puede que sean una cara. Puede que sea...

Esto fue lo que se escuchó en la radio el 30 de octubre de 1938. La radio de la CBS emitió un programa llamado *La guerra de los mundos*, una dramatización de la novela, sobre una invasión alienígena, de H. G. Wells.

Aunque en la introducción del programa se explicaba que era una dramatización y en el minuto cuarenta aparecía un segundo mensaje que lo recordaba, miles de estadounidenses se creyeron la ficción y huyeron de sus casas presas del pánico. Mientras, las centralitas de la policía se colapsaban ante la desbordante afluencia de llamadas por parte de personas desesperadas.

Nuestra mente es como una radio.

- Tu jefa lleva unos días muy rara.
- Tu hijo te dijo que llamaría al llegar a casa de su amigo y no lo hace.

La emisora que escuches en tu radio mental tendrá unas consecuencias u otras. En la mayoría de los casos, estas preocupaciones son infundadas y ni siquiera son reales, por lo que nuestros mayores miedos nunca saldrán de nuestras cabezas.

La «guerra de los mundos» en nuestra radio particular suele tener la siguiente parrilla:

1. Programa de problemas

Se emite sobre todo en los momentos de estrés. Propone en su parrilla dificultades y problemas que existen o que podrían existir en nuestras vidas.

2. Programa de autocrítica

Este programa lo escuchan aquellas personas que son especialmente autoexigentes. Produce un análisis escrupuloso y, en muchos casos, destructivo sobre todo aquello que no sabes, que se te da mal o que deberías mejorar.

3. Programa de comparaciones

Este programa se suele emitir después de ver o interpretar el éxito ajeno. Cuando entra en emisión, la persona con la que nos comparamos siempre parece mejor. Quizá sea más atractiva, más capaz, tenga más habilidades o, simplemente, la vida le favorezca más que a ti.

4. Programa de suposiciones y preocupaciones

Este programa se emite cuando no sabemos gestionar la incertidumbre y, a veces, viene después del programa de problemas. Desde este, imaginamos todos los escenarios de la vida desde una perspectiva pesimista, llena de fracasos, rechazo y otros desenlaces demoledores.

No obstante, hay vida más allá de esta programación.

Hay momentos en los que escuchamos algunos de estos programas y entramos en pánico. Los pensamientos se conectan y alimentan a partir de nuestras emociones, por lo que estos procesos activan muchos sentimientos incómodos que nos cuesta gestionar.

Empiezo con el programa de problemas, conecto con la ansiedad y entro en un bucle infinito en el que el pensamiento y la emoción se retroalimentan.

En otros momentos, en cambio, somos conscientes de lo que escuchamos: solo es una dramatización, y reconocemos que no somos la voz de nuestros pensamientos, sino el oyente.

Imagina que frente a ti hay cuatro objetos: una cámara, una silla, una flor y un libro. Si alguien te pregunta cuál de esos objetos eres, probablemente lo mirarías extrañado.

—Yo no soy ninguno de ellos, soy la persona que observa —responderías.

No importa el tipo de objetos que se pongan frente a ti, tú siempre serás la persona que observa.

Esto es lo que ocurre con la voz dentro de tu cabeza. Más allá del volumen, de la calidad del discurso o de la tonalidad, tú no eres esa voz; eres el oyente.

No debemos creernos nuestros propios pensamientos, pues ahí es donde reside la libertad, y esta es la perspectiva de minimalismo mental que quiero compartir contigo.

Hay veces que tus pensamientos te dicen lo siguiente:

- Soy una excelente persona.
- Soy una persona muy implicada en criar a mis hijos y lo hago realmente bien.
- Soy un/a excelente profesional.

Mientras que otros días se parecerá más a esto:

- Soy una persona horrible.
- No estoy hecha para ser madre.
- Soy un desastre como profesional.

En el fondo, tanto unos como otros, son solo pensamientos.

Lo más importante no es el tipo de pensamiento que tienes, sino lo que haces con él.

> Aun sin tener despertador, en el retiro me levantaba justo antes del amanecer. Salía de la cabaña y veía el amanecer desde el río. Cada día los colores eran diferentes.
>
> Un día, alrededor de la segunda semana, mientras estaba allí, fui consciente de la voz que habita mi cabeza.

«La verdad es que es precioso. Este tiene tonos más anaranjados —decía—, el de ayer tenía tonos más morados».

En ese momento, me percaté de que, al concentrarme en la voz, me perdía en mis pensamientos y, como consecuencia, el amanecer.

«Gracias por este análisis —me dije mentalmente—. Ahora voy a disfrutar del momento».

Y, por primera vez en mi vida, vi mi primer amanecer de verdad.

¿Pensar es malo? No, pero hay pensamientos útiles y otros que no lo son. Como verás, no hablo de pensamientos positivos o negativos, sino que señalo la diferencia entre aquellos que son útiles y los que no lo son.

En el ejemplo del amanecer, los pensamientos que tuve se podrían calificar como positivos. Sin embargo, ¿me resultaban de utilidad en ese momento?

Los pensamientos que no son útiles nos alejan de vivir la experiencia presente porque estamos encerrados en nuestras cabezas en lugar de centrarnos en lo que realmente ocurre fuera de ellas.

En el minimalismo mental existen tantas opciones como teorías y personas. Te propongo que seas consciente de que, al igual que la radio que retransmitía la guerra de los mundos, en nuestras cabezas se reproducen una serie de programas que son dramatizaciones.

A veces es difícil no perderse o dejar de identificarse. Y, al igual que con las personas que escuchaban la radio, salimos de casa o actuamos desde el miedo a esos extraterrestres que supuestamente han llegado.

¿Cómo sabemos si nos hemos perdido? Nuestras palabras nos lo dirán.

El poder de las palabras

> «Pero si el pensamiento corrompe el lenguaje, el lenguaje puede también corromper el pensamiento».
> *1984*, George Orwell

Las palabras son muy poderosas. Somos lo que nos decimos a diario. A través de las palabras, tanto verbalizadas como no, interpretamos la realidad. La historia que te cuentas es la que se convierte en tu realidad.

Todas las personas tenemos un arma muy poderosa con la que construir o destruir.

Un exceso de pensamientos limita la calidad de nuestras palabras, ya que estas se alimentan de la voz mental, que nunca calla, y cuando esto ocurre, no nos deja escuchar la voz del alma, que nos susurra.

Un día estaba esperando en una oficina de correos de Italia. Al poco tiempo, se sentó a mi lado una chica que estaba centrada en su móvil. En un determinado momento, levantó la vista y se quejó de lo despacio que atendían a los clientes y cuestionó el trabajo de las cajeras. Esa queja provocó una reacción en cadena de críticas. Poco después, bajó la vista de nuevo hacia el teléfono. Mientras tanto, en la sala de espera, las quejas habían pasado de los servicios postales al país e, incluso, al mundo en general.

El poder que reside en cada uno de nuestros actos es fascinante. Un simple comentario puede cambiar la energía de un espacio en el que las personas ni siquiera se conocen.

¿Y si en lugar de quejarse hubiera recitado un poema? El tiempo de espera no habría cambiado. Una queja sin motivo no lleva a ningún sitio, solo provoca un ambiente de malestar.

Las quejas, al igual que el diálogo interno, tienen un impacto directo y negativo en la autoestima.

En su libro *Un mundo sin quejas,* Will Bowen propone permanecer veintiún días sin quejarse, sin hablar mal de nadie y sin criticar. Para que las personas sean más conscientes de las quejas, repartió unas pulseras moradas a todas aquellas que se unían al reto. Así, debían cambiársela de mano cada vez que se descubrieran quejándose. Si esto ocurría, tenían que volver a empezar. De media, los participantes tardaban unos cinco meses en cumplir con las tres semanas. Y, según afirman, su vida cambió gracias a ello.

Estamos tan acostumbrados a quejarnos que nos parece ilógico no hacerlo ante la cantidad de situaciones «injustas» que vemos a diario. No obstante, evitar las quejas no significa conformarse, sino usar la crítica constructiva para que, a partir del momento en que aceptemos la realidad, nos movamos en ella. Imagina que cada mañana encuentras tráfico de camino al trabajo. La queja implicaría lamentar esta situación, mientras que la aceptación implica saber que te vas a encontrar con esta situación y llevar alguna conferencia o podcast que escuchar en el coche, o incluso salir media hora antes para evitar la hora punta.

No actuar no lleva a nada. Soy consciente de que he pasado un tiempo precioso de mi vida quejándome por situaciones por las que no he hecho nada al respecto, pero también he permitido que otras personas protestaran ante mí. Este bucle solo conduce a la insatisfacción.

Miguel Ruiz, en su libro *Los cuatro acuerdos,* propone unos acuerdos basados en la filosofía tolteca. El primero de ellos es: «sé impecable con tus palabras».

El autor anima a utilizar el poder de la palabra en la dirección de la verdad y del amor. Con una sola palabra creas o destruyes y esto es algo que depende de ti.

«Cuando eres impecable, asumes la responsabilidad de tus actos, pero sin juzgarte ni culparte».

A veces, no somos conscientes del poder de nuestras palabras. Por ejemplo, alguien da su opinión y dice:

—Mira qué niña tan fea.

La niña lo oye, se lo cree y crece con esa idea en la cabeza. No importa lo guapa que sea; mientras mantenga esa creencia, pensará que es fea.

Algo similar ocurrió con el programa de radio que abría esta ruta. Aunque esas palabras provenían de una dramatización, hubo personas que se lo creyeron.

Así, el minimalismo mental tiene dos aspectos importantes: por un lado, reconocer que no somos la voz que habla dentro de nuestras cabezas y, por otro, ser conscientes del poder de nuestras palabras.

Respiro.

Respira.

Eres lo que eres.

Ruta 19

Las enseñanzas del pelo

«Quería cambiar el mundo.
Pero he descubierto que lo único que uno puede
estar seguro de cambiar es a sí mismo».
ALDOUS HUXLEY

No creo que exista una determinada estética minimalista, pero opino que la base del minimalismo reside en la aceptación propia, sin depender de un peinado o un maquillaje concretos.

En Estados Unidos, algunas mujeres se están uniendo al reto *«no makeup»*, ('sin maquillaje'), que consiste en prescindir durante unos días de llevar maquillaje. Un ejemplo de esto sería el caso de la cantante Alicia Keys, que, en el año 2016, anunció mediante una carta que iba a dejar de usar maquillaje porque ya no quería ocultarse más. Cuando vivía en Italia, me percaté de que casi todas las mujeres con las que me cruzaba a diario lo empleaban, y me llamó la atención.

Salvo en casos concretos, como el de Alicia, en los que este acto significa una reivindicación, no creo que debamos renunciar al maquillaje. Sin embargo, opino que tu cara lavada refleja tu verdadero yo y no deberías sentir vergüenza de quién eres.

Miriam se maquillaba todos los días. Tiempo atrás, había sido una *youtuber* que hacía vídeos sobre belleza y lo demostraba con tonos llamativos y bien conjuntados.

Un día apareció con la cara lavada y despertó miradas de curiosidad a su alrededor. Ese día vi su verdadera belleza por primera vez. Me fascinó su cara al natural y no pude evitar decírselo.

—Eres la primera que no me dice que tengo mala cara —me confesó dolida.

No tenía mala cara, sino que todos se habían acostumbrado a verla con un tono uniforme, sin ojeras, con los labios y las mejillas brillantes. La belleza natural de su cara era diferente. Se apreciaban las formas de su rostro y el brillo de los ojos.

Al día siguiente, Miriam volvió maquillada.

Pero el maquillaje no es el único factor que usamos para cubrirnos u ocultarnos. ¿Qué ocurre con el pelo?

El pelo tiene un fuerte simbolismo en muchas culturas. En algunas de ellas incluso se considera sagrado.

Es curioso el efecto que provoca un simple corte de pelo, y esto nos demuestra la poca neutralidad que hay ante este símbolo.

Tenía el pelo rizado y siempre había sido uno de mis rasgos más característicos. Cuando era pequeña, tenía tanto pelo que mi madre me lo cortaba a media melena o incluso más corto. Yo deseaba tener el pelo largo como mis amigas. Entonces, me prometí que cuando fuera mayor, nunca me lo cortaría y así fue. Al menos durante un tiempo.

Hay una delgada línea divisoria entre el pelo y la identidad, sobre todo en las mujeres. Diferentes estudios revelan que una de las partes más difíciles de la quimioterapia es ver cómo se cae el pelo.

En muchos casos, reflejamos nuestra identidad a través del pelo. Cortárnoslo es un símbolo físico de cambio interior. Te lo cortas cuando dejas atrás una parte que ya no te sirve, después de una relación, por ejemplo. Es una forma de demostrar que tu verdadero yo sale a flote.

El cabello ha sido uno de los núcleos estéticos más importantes a nivel cultural. Así, su tratamiento es diferente y varía según su simbología. Los rastafaris imitan las raíces de la madre tierra con las rastas. Para algunos pueblos indígenas, cortar el cabello es símbolo de cortar la relación con sus ancestros, sus recuerdos y su corazón. En otros casos, cortarlo es un símbolo de duelo o de proximidad a la muerte. En resumen, es un elemento que tiene un carácter místico en muchas culturas.

Actualmente, existe una presión social muy fuerte con relación a la estética, sobre todo en las mujeres, y uno de los puntos de mayor influencia es el pelo, pues esconde esas partes de nuestra cara con las que no nos sentimos cómodas.

Cuando me corté el pelo, muchas personas me dijeron:

—Tú sí que puedes hacerlo, pero a mí, con mis orejas, la forma de la cabeza, la nariz..., me quedaría fatal.

Yo pasé por la misma inseguridad. Estaba convencida de que quería raparme la cabeza, pero con esa cara alargada... Llevo años con flequillo con el objetivo de redondear mis rasgos.

Cuando me rapé la cabeza y me miré al espejo, pensé en mi hermano llamándome «cara pepino» y, por primera vez, me reí. Aunque tengo la cara alargada como un pepino, aceptarlo fue tan liberador, que entré en un estado de catarsis a través de la risa.

Después de tantos años de rechazo hacia uno de mis rasgos físicos, lo acepté, reí y lloré.

La forma de tu cara o de tu cabeza es la que es, por lo que te propongo tres opciones:

- Cambiarla.
- Aceptarla y disfrutarla.
- Sufrir.

Yo opté por la segunda después de muchos años viviendo con la tercera, pero ese no fue el motivo por el que me rapé la cabeza.

> Cuando acabó el proceso de los veintiún días, una mujer anunció que necesitaba cortarse el pelo.
>
> —¿Alguien más se une? —preguntó la guía.
>
> Cinco manos se alzaron: las de cuatro hombres y la mía.
>
> No me percaté de que había levantado la mano. Me sorprendí ante esa decisión, la acepté y respiré.
>
> Las dudas que afloraron me confirmaron que era lo que necesitaba; no tenía una relación neutra con mi pelo. Cuando llegó el momento, estaba nerviosa, pero estaba segura de una cosa: solo era pelo y, aunque tenía mi memoria genética ancestral y mi ADN, no era yo.

Dejé ir mi pelo y con él, una ilusión y una parte de lo que creía que era; una falsa identidad que no me pertenece.

Al verme, algunas personas me hacían las mismas preguntas. Una de las que más me sorprendía era: ¿qué dice tu pareja?

—Nada, que está bien.

Qué triste sería que alguien me dejara de querer o me quisiera más por llevar un corte de pelo u otro. Aunque sé que ocurre, pero ¿es eso amor de verdad?

El pelo es solo pelo, crece y si no lo hace, no deja de ser pelo.

El momento del corte fue un ritual muy bonito. Mis compañeros y compañeras de proceso cantaban mientras mi pelo caía. Una escena preciosa a la orilla del río. Cuando terminé, lo primero que hice, incluso antes de buscar un espejo, fue nadar. El contacto de mi cabeza con el agua era maravilloso. Después, sentí el viento, el sol, la almohada por la noche…

Al día siguiente, nos encontramos de nuevo por la mañana y la guía nos dijo:

—Todavía tenéis cinco milímetros de pelo. Yo os propongo afeitaros la cabeza al cero con espuma y maquinilla de afeitar.

—¡¿Al cero?! —Las dudas aparecieron en mi mente.

Hay una diferencia entre tener algo y no tener nada. Recordé una cicatriz que tengo en la cabeza como recuerdo de una caída cuando era pequeña. Pero la curiosidad fue más fuerte que yo.

Ahí fue donde encontré el gran cambio. De tener algo a no tener nada. Me quedé como una bola de billar. Pasaba la mano y, por primera vez, me toqué la cabeza.

La sensación es otra. Sientes el viento, la lluvia, el agua al caer sobre tu cabeza mientras te duchas, los cambios de temperatura del río al nadar, pero también las moscas, el sol e, incluso, me picó un mosquito. Debo confesar que nadie me había advertido de esto.

Es maravilloso nadar, es emocionante reconectar con la sensibilidad de la cabeza, algo que no había sentido o, al menos, no recordaba.

Sobre todo, es increíble saber que no eres tu pelo y que puedes elegir. Ser consciente de la presión social, pero saber que está en tu mano decidir cómo llevas el pelo, cómo vistes, qué comes o cómo te relacionas con los demás.

Renunciar a la melena fue un acto de amor propio, de renovación y me ayudó a dejar atrás lo que no era. Raparme fue una forma de afrontar mis miedos y de reconocer mi identidad.

Aquí, cada cual escoge su forma y no, no creo que necesites raparte la cabeza para descubrirlo. No eres mejor ni peor por llevar el pelo más corto o largo. No eres mejor ni peor por maquillarte o por no hacerlo.

Los bebés son conscientes de su belleza, se gustan y eso se demuestra en cómo se mueven y en cómo se miran. Mi hijo se parece bellísimo y es algo que va más allá de sus rasgos físicos. Cuando se quita la camiseta para que lo bañe, se mira, se toca y se dice a sí mismo «guapo».

Te propongo un ejercicio práctico, sencillo y potente. Te invito a hacer lo que hace mi hijo. Cuando te desnudes para ducharte, mírate en el espejo y utiliza palabras y pensamientos de cariño y amor hacia ti.

Cambiamos en un instante

Es posible que algunas de las propuestas de esta ruta o del libro parezcan requerir mucho tiempo, pero, en realidad, el cambio ocurre en un instante.

—¿Te puedo secar el pelo liso? Es que en seco veo mejor para retocarlo.

—Claro, sin problemas —respondí.

Hacía quince años que no me secaba el pelo liso y verme así resultó impactante.

Ese día comía con mi familia y, después, habíamos quedado con nuestros amigos y amigas.

Todo el mundo se sorprendió al principio, pero, después, aceptaron el cambio.

Esto me ha servido para percatarme de lo rígida que es nuestra imagen personal y lo fácil que es cambiarla e integrar este cambio en nuestras vidas.

¿Te has sorprendido alguna vez al hacer algo que no iba contigo?

¿Te has sorprendido alguna vez al cambiar algo que creías parte de tu identidad?

Al igual que un corte de pelo, cambiar no requiere años, sino un instante en el que tomamos la decisión.

Hace una semana, en el curso, Pilar me decía:

«Al llevar a cabo el proceso con la ropa de mi hija, he visto que, para ella, es sencillo reconocer qué quiere y qué no. Tiene claro lo que le gusta y lo que se ajusta a su vida. Ver eso me ha hecho recordar y me ha inspirado. Desde ese momento, el resto de los procesos han sido sencillos porque ahora sé distinguir y, sobre todo, me permito hacerlo».

El cambio en Pilar no se produjo en años, sino en un instante.

Esto es lo que en inglés se llamaría un *insight,* que literalmente significa «mirar hacia dentro». Ese descubrimiento interior ocurre en un instante y nos transforma.

No creo que debamos pasar años cambiando una creencia o un patrón, opino que, al igual que con el corte de pelo o con el ejemplo de Pilar, esto puede ocurrir en un momento.

Es posible que este cambio sorprenda a las personas de nuestro entorno al principio, pero al cabo de un poco, simplemente se integra.

Buen camino de descubrimientos y de cambio.

Respiro.

Respira.

Eres lo que eres.

Ruta 20

La muerte

«Pensar en que voy a morir pronto es la herramienta más importante que he encontrado para ayudarme a tomar las grandes decisiones en la vida porque prácticamente todo, las expectativas de los demás, el orgullo, el miedo al ridículo o al fracaso, se desvanece frente a la muerte, y deja solo lo que es verdaderamente importante. Pensar en que uno va a morir es la mejor forma que conozco de evitar la trampa de creer que tienes algo que perder. Ya estás indefenso. No hay razón para no seguir a tu corazón. […] Tu tiempo es limitado, así que no lo malgastes con vivir la vida de otro. No te encierres en vivir según lo que los demás piensen de ti. No dejes que el ruido de las opiniones ajenas ahogue tu propia voz interior. Y lo que es más importante, ten el coraje de seguir a tu corazón y a tu intuición. De algún modo, ya sabe lo que realmente quieres llegar a ser. Todo lo demás es secundario».

Steve Jobs

Bonnie Ware, una enfermera australiana que atendía a personas en su lecho de muerte, escribió un libro con las principales confesiones y, sobre todo, arrepentimientos que sus pacientes le transmitían. La siguiente encabezaba la lista: «Ojalá hubiera tenido el valor de hacer lo que realmente quería y no lo que los demás esperaban que hiciera».

La muerte es ese gran tabú del que no se habla en nuestra sociedad. Es esa gran desconocida y, al mismo tiempo, una de las pocas certezas de esta vida.

La muerte simboliza la delgada línea entre dos mundos y determina la forma en que vivimos.

Algunas culturas viven la vida como una preparación para la muerte. Estos dos aspectos no son lejanos ni contrarios, sino que forman parte de una misma moneda. El mundo material y el mundo espiritual están mezclados, la vida y la muerte forman parte de nuestro día a día.

Si caminas por un bosque, la vida y la muerte se mezclan. Material en descomposición y brotes conviven en armonía. Entonces, ¿la muerte es lo contrario a la vida? El bosque nos demuestra que la muerte, en muchos casos, alimenta la vida. De hecho, me atrevería incluso a decir que la muerte inspira la vida.

Una vez le preguntaron a Uwais, el Sufí:

—¿Qué te ha dado la Gracia?

Este respondió:

—Cuando despierto por las mañanas, no siento que vaya a vivir hasta la noche.

Le volvieron a preguntar:

—Pero esto ¿no lo saben todas las personas?

Él replicó:

—Sí, lo saben, pero no todas lo sienten.

Anthony de Mello decía: «Jamás se ha emborrachado nadie a base de comprender intelectualmente la palabra VINO». Todas las personas sabemos que vamos a morir, pero eso no es lo mismo que vivirlo.

En la antigua Roma, cuando un general desfilaba victorioso por las calles empedradas de la ciudad, justo detrás caminaba un siervo que le recordaba: *«Memento mori»*, recuerda que vas a morir. Este concepto de fugacidad evitaba que incurriese en la soberbia.

De hecho, en algunas filosofías, todavía hoy en día, se visitan cementerios para sentarse entre los difuntos o se promueven meditaciones relacionadas con la muerte para inspirar la vida.

¿Y si lo contrario a la muerte es el nacimiento?

Creo que la vida no tiene opuestos. Creo que es eterna y que la muerte es la inspiración que nos permite, como en la antigua Roma, no perdernos en el mundo de la ilusión.

Una cultura que niega la muerte será inevitablemente superficial, pues solo se preocupa por la forma externa de las cosas. Cuando se niega la muerte, la vida pierde profundidad de manera inevitable.

Una persona descubre que tiene cáncer y que le queda poco tiempo de vida. Entonces deja el trabajo y se inscribe en ese curso que siempre ha querido hacer o visita ese país que siempre le ha fascinado. La cercanía a la muerte da perspectiva a la vida.

«Döstädning» es un concepto sueco que significa «limpieza de muerte» (de *«dö»*, 'muerte', y *«städning»*, 'limpieza').

Este proceso consiste en revisar tus posesiones y ordenarlas antes de morir. Parece algo macabro, pero en la mayoría de los casos quienes lo practican se guían por el amor. Una vez que los padres fallecen, los hijos pueden tener conflictos en relación con la herencia. Además, saber qué hacer con las pertenencias de un ser querido requiere energía.

Al hacer esta revisión, se evitan estos conflictos de futuro. Cada vez hay más personas en edad de jubilación que reclaman mis servicios. Cabe la posibilidad de que entre sus motivaciones iniciales se encuentre dejarlo todo arreglado antes de fallecer, pero lo cierto es que esto cambia cuando empiezan el proceso. En el cien por cien de los casos me dicen: «Lucía, no sabía que me sentiría tan bien al llegar a casa. Ahora, al entrar, respiro. Es como si me hubiera quitado años de encima». En este caso, saber que vamos a morir nos lleva a actuar y a reconectar con la vida.

No necesitamos un diagnóstico para tomar esas decisiones, simplemente debemos ser conscientes de que vamos a morir.

Todo nace y muere a partir de ese momento. Todos los seres vivos que te rodean morirán algún día, no importa que sean personas, animales o plantas. Todo es temporal: tu cuerpo, tus emociones y tus pensamientos. Es posible que la única cosa permanente de este mundo sea la efimeridad.

Aprender a aceptar la muerte es una asignatura necesaria para la vida. Solo así nos entregaremos, al navegar la incertidumbre con la barca del desapego, y aceptaremos el cambio natural del cuerpo y del entorno.

Desapego consciente

El minimalismo está muy vinculado al desapego:

- Desapego de objetos y actividades.
- Desapego de falsas identidades.
- Desapego de creencias que te limitan.
- Desapego de expectativas.
- Desapego del control.
- Desapego como acto de amor.

Intentamos llenar vacíos interiores con relaciones, objetos, conocimiento, experiencias... Por supuesto, ninguno de estos aspectos cumple esa función y lo único que conseguimos es crear un círculo vicioso que genera una dependencia constante del consumo.

Cuando digo que estoy aprendiendo a amar, me refiero a que estoy aprendiendo a amar sin apego.

Las dependencias son una gran oportunidad para encontrarnos y descubrir esos vacíos que nos traen al presente. Algunos ejemplos de posibles dependencias son:

- Productos externos: objetos, sustancias, alimentación…
- Experiencias: deportes, trabajo, viajes, actividades sociales…

Viajar no es perjudicial en sí mismo, tampoco hacer deporte ni las reuniones sociales, pero debemos evitar que nuestra felicidad esté vinculada a esta determinada acción. Si llueve y no puedes salir a correr, si hay una huelga y tu vuelo se cancela, sientes emociones, pero ¿tu felicidad desaparece con ello?

¿Te irías un mes a un retiro a meditar en soledad? Tanto si la respuesta es sí como si es no, la siguiente pregunta es la misma.

¿Qué echarías de menos? ¿Por qué? Esta pregunta te dará muchas claves para ver qué cosas o personas son prioritarias en tu vida. Desde aquí será más fácil que reflexiones hacia qué, o quién, sientes apego.

> Cuando hice el proceso, una de las personas que lo hacían conmigo era una mujer de unos cincuenta años que estaba muy preocupada por sus hijos. Los primeros días, en nuestros encuentros diarios, la guía le permitía hablar, pero en cuanto se refería a ellos, algo que ocurría siempre, la paraba y le indicaba que se quedase en silencio. Esto ocurrió durante varios

> días hasta que, un día, cuando le dieron el turno de palabra, no habló de ellos y, por primera vez, pronunció más de tres o cuatro palabras. Ese día, comprendí que brillaba. Era como si, al estar completamente presente, desprendiera una luz especial.

Al acabar los veintiún días, cuando pudimos hablar entre nosotras por primera vez, me dijo:

—Creía que amar a mis hijos era preocuparme por ellos, pero lo cierto es que no los quiero más por eso.

Hace poco, me llamaron del colegio de mi hijo porque se había hecho una herida y me dijeron que habría que llevarlo al hospital.

Mi cabeza activó el programa de preocupación y el de suposiciones mientras cogía la bicicleta para ir a por él. En el primer semáforo, respiré y observé que Paqui, así he bautizado a la voz dentro de mi cabeza, estaba muy alterada.

Escuché los pensamientos, que iban desde «pobrecito mi pequeño» a «ahora cómo lo llevo a un hospital», y vi que todos eran preocupaciones que demostraban mi apego por mi hijo. A medida que los escuchaba pude observar que el foco estaba en aspectos que no dependían de mí en ese instante, y comprendí que ya decidiría qué hacer en cuanto llegara y lo viera. También supe que el mayor acto de amor que podía hacer por mi hijo en ese momento era estar presente en la carretera con la bicicleta. No impedí que mis pensamientos de preocupación estuvieran presentes, no fingí ni recité una afirmación positiva de «todo irá bien» porque, entonces, era mentira y negaba lo que realmente se movía dentro de mí. Cuando escuché a Paqui de verdad, en lugar de perderme en ella o rechazarla, me desvinculé de mis pensamientos. En ese momento, sentí una luz especial que me alumbraba. Cuando el semáforo se puso de nuevo en verde y pedaleé, lo hice estando realmente presente.

Los mandalas tibetanos son creaciones maravillosas hechas con arena fina. Cuando los monjes acaban, destruyen su obra como símbolo de que aspectos como los logros, la condición física o el estatus no son tan importantes como creemos.

Este momento es precioso y, como esos mandalas, transitorio al mismo tiempo.

Creo que, si aceptamos la muerte, acumular objetos, experiencias, actividades, personas, ideales o pensamientos deja de tener sentido. Y, como consecuencia, te sientes más cerca de la vida.

En el libro *Las cinco personas que conocerás en el cielo*, hay un diálogo que dice lo siguiente:

—Entonces mi muerte fue inútil, lo mismo que mi vida.

—Ninguna vida es inútil —dijo el hombre azul—. Lo único que es inútil es el tiempo que pasamos pensando que estamos solos.

Creo que esa luz que vi en la mujer del proceso o la que sentí al estar presente con la bicicleta era la luz de Dios, del universo y de la divinidad.

Aquí arriba puedes introducir el nombre de aquello con lo que conectes más. También opino que ser conscientes de la muerte nos ayuda a conectar con ella porque es lo único que no va a morir.

¿Sientes tu corazón? Ante una decisión importante, apoya la mano en el pecho y nota los latidos.

Te doy la bienvenida a la luz de la vida.

Respiro.

Respira.

Eres lo que eres

Ruta 21

La gratitud

«Sé agradecido por lo que tienes, terminarás teniendo más. Si te concentras en lo que no tienes, nunca tendrás suficiente».
OPRAH WINFREY

«Los elementos que más contribuyen a la felicidad siguen siendo los que llevan siglos en boca de los sabios: la gratitud, el perdón, la compasión, saber disfrutar de las cosas pequeñas que nos acompañan a diario y tener una red de afectos no necesariamente amplia pero sí sólida».
ELSA PUNSET

Hace un tiempo, estuve en una formación en Nueva York con Marie Kondo. Al volver, me preguntaron qué me llevaba de allí y no tuve ninguna duda a la hora de responder: el poder de la gratitud.

Es probable que no necesitara irme a la otra parte del mundo para descubrirlo, pero necesitaba vivirlo para que algo cambiase dentro de mí.

En el momento en que llegué al evento, Marie se sentó en el suelo sobre los tobillos y nos invitó a agradecer el lugar que nos acogía. Esto cambió por completo mi actitud: pasé de estar nerviosa, expectante, e incluso escéptica, a estar tranquila, agradecida y conectada. Fue algo tan sencillo que me emociona.

Deberías probarlo.

No es necesario que te sientes en el suelo en una posición determinada. Solo cierra los ojos y agradece el espacio que te acoge ahora mismo, sea el que sea: la oficina, el autobús, tu casa...

Cuando hayas terminado, sigue leyendo.

¿Has notado algún cambio?

El psicólogo Scott Young descubrió que el 60 por ciento de nuestros pensamientos son sobre nosotros/as, el 30 por ciento engloban relaciones y la forma en la que estas nos afectan, mientras que el 10 por ciento restante está relacionado con otros aspectos.

¿Qué pasaría si cambiásemos estos números?

En el ejemplo anterior, los pensamientos que generaban ese nerviosismo o expectación eran sobre qué me iba a llevar y qué me iba a aportar aquella formación. Cuando, en cambio, me centro en la apreciación, mi estado anímico cambia y es el mejor regalo que me puedo hacer.

Cuando damos las gracias y apreciamos la casa que nos soporta, a todos los niveles, nos reconectamos. Desde aquí, podemos agradecer no solo aquello que nos aporta valor, sino también aquello que dejamos ir. Agradezco el tiempo compartido y las lecciones que me llevo de todos esos objetos, personas y actividades que ahora dejo ir.

Esto tiene un efecto directo en nuestra forma de ver el mundo. Al principio de mis acompañamientos, siempre pregunto a las personas qué quieren llevarse del proceso y las respuestas suelen ser las mismas: tener más tiempo, tener menos estrés... Al final, también pregunto qué se han llevado y suelen contestar: tranquilidad interior, que se sienten mejor consigo mismos y con las personas con las que conviven, que se enfadan menos y ahora pueden discernir y tomar decisiones de una forma más amorosa.

Diversos estudios sobre las bases de la inteligencia emocional demuestran que tenemos la capacidad de conectar con las emociones de las personas que nos rodean. Cuando vas al cine y en una determinada escena las personas se ríen, es muy probable que tú también lo hagas.

Existe un vídeo que se volvió viral en el que una persona llega a un vagón de metro y se ríe sin control. Al cabo de unos segundos, quienes la rodean sonríen de forma discreta y acaban riendo a carcajadas.

La emoción que generamos es la que transmitimos y esto influye en el mundo que creamos a nuestro alrededor. Esto demuestra que las emociones que transmitimos son una herramienta que determina cómo interpretamos e inspiramos al mundo.

Con el simple hecho de ofrecer una sonrisa a las personas con las que te cruzas en tu día a día, cambias tu realidad y la suya. La sonrisa es una poderosa arma de contagio masivo.

La ciencia ha demostrado cómo reír y sonreír mejoran nuestro estado de ánimo:

- Produce serotonina y endorfinas.
- Reduce la presión arterial.
- Aumenta la claridad mental.
- Estimula el funcionamiento del sistema inmunológico.
- Da una visión más positiva de la vida.

Sonríe mientras lees estas líneas y notarás un cambio en tu forma de mirar e interpretar el mundo.

Los niños ríen unas cuatrocientas veces al día, mientras que las personas adultas apenas llegamos, de media, a diecisiete.

El arte de dar

Solo hay una parte imprescindible en el acto de Dar con mayúsculas: no esperar nada a cambio. Esa es la verdadera conciencia de servicio.

Existen distintas formas de dar, pero todas son igual de efectivas: tanto si ayudas a un desconocido como a un pariente cercano o colaboras con una organización a través de la microfinanciación. Al final, dar es recibir porque la energía no se crea ni se destruye, simplemente se transforma. Dar es creer en la abundancia de la vida.

Te doy las gracias por haber llegado hasta aquí. Aprovecho para añadir que una parte de los ingresos de este libro van destinados a ASPACE, la confederación sobre la parálisis cerebral.

El día que di a luz, mi hijo se quedó sin oxígeno. Lo que empezó como un parto natural, con mantras de fondo y yo en una piscina, se convirtió en un parto intervenido en una sala de urgencias y decenas de personas a mi alrededor al que le siguieron ocho días de dormir en el sillón de la sala de espera de la unidad de cuidados intensivos de neonatos, mientras sostenía la mano de mi hijo, que estaba dentro de una incubadora. Desde el minuto cero, mi hijo me ha proporcionado los mayores aprendizajes de mi vida, que han venido, en su mayoría, de la mano de duros golpes tan dolorosos como sanadores.

Mi hijo no sufre de parálisis cerebral gracias a unos segundos y a una intervención a tiempo de los médicos, pero fue lo que me impulsó a escoger esta asociación.

Igualmente, no es necesario que tu donación esté formada por objetos materiales: dona una flor, una oración, tiempo, ayuda con una mudanza o incluso un cumplido.

Recuerda que algo tan sencillo como una sonrisa puede suponer un gran cambio en la vida de otra persona.

«A veces tu alegría es la fuente de tu sonrisa,
pero, a veces, tu sonrisa puede ser la fuente
de tu alegría».
THICH NHAT HANH

Respiro.
Respira.
Eres lo que eres.

Ser

Manos a la obra

Aquí te presento una propuesta de plan de acción en relación con el verbo ser.

Sigue las señales

En un momento de mi retiro en Brasil, la persona que nos guiaba en el proceso nos permitió a algunas personas acudir a un encuentro donde se cantaban mantras. No podíamos hablar con nadie. El encuentro estaba a unos quinientos metros del lugar donde estaba mi cabaña y para llegar, tuve que atravesar una parte de la selva.

Acudí por la tarde y me senté en un lateral. Era la primera vez en muchos días que veía a personas interactuando entre ellas. Cuando la música sonó, la magia inundó el espacio, sentí la vibración de las ondas en el cuerpo, especialmente en el pecho.

Salí embriagada de aquella maravillosa experiencia. La orientación no es una de mis habilidades naturales y con esa borrachera musical, aunque tenía claro (más o menos) cómo volver a la cabaña, la ruta me parecía borrosa al no haber luz. No quería romper mi voto de silencio, por lo que exploré los diversos caminos, pero no reconocí nada. Al volver al punto de partida, no quedaba nadie y me sentí sola y perdida. Miré al cielo y me pregunté qué debía hacer.

De repente, alguien llegó y me iluminó con una linterna. No dijo nada, supongo que sabía que formaba parte del proceso. Sin mediar palabra, caminó delante de mí y me llevó por uno de los senderos que se abrían ante nosotros. Lo seguí hasta llegar a las cabañas. Él siguió su camino sin girarse y yo continué el mío profundamente impresionada.

Esa noche lloré mientras escribía las siguientes palabras en mi cuaderno: «Confía. Cuando lo necesites, siempre habrá alguien ahí para guiarte en el camino».

No creo que esa persona sepa lo importante que fue para mí en ese momento.

Albert Espinosa, autor de *El mundo amarillo*, dice que hay unas personas a los que llama «los amarillos»: son como ángeles que, en un momento determinado, marcan y guían tu camino a través de una frase, una palabra o, en mi caso, una linterna. Estas personas desaparecen de tu día a día después de haberte entregado su aprendizaje.

A veces se esconden en las páginas de un libro, en una conversación en un bar, en el autobús o en un vídeo de YouTube.

No necesitas retenerlo. Solo quédate con el mensaje. Y recuerda confiar porque cuando lo necesites, siempre habrá alguien ahí para guiarte.

No sé si seré un amarillo para ti, pero igualmente me gustaría hacerte un regalo como despedida: un bonsái.

El arte del bonsái es una técnica milenaria que se originó en China. Para los monjes taoístas era un símbolo de eternidad porque se encontraban en la posición intermedia entre el cielo y la tierra. Así, la eternidad solo se conseguía si cuidabas y conservabas uno de estos árboles en una maceta. La paciencia, la dedicación y la constancia son cualidades necesarias para mantener sano un bonsái. Cada día es importante y determina su vida, igual que determina la tuya.

Son las pequeñas acciones del día a día las que permiten que este bonsái siga con vida.

Ahora te toca a ti elegir tu camino y cómo vas a pasar a la acción.

¿Qué vas a hacer para cuidar ese bonsái? ¿Cuáles serán tus primeros pasos al ponerte manos a la obra?

Recuerda que, como dice el proverbio chino, «el mejor momento para plantar un árbol fue hace veinte años. El segundo mejor momento es ahora».

Yo creo que el mejor momento para ser minimalista fue hace veinte años y el segundo mejor es ahora.

Y uses o no uses esta etiqueta del minimalismo, confío en que cuides tu bonsái a base de pequeños pasos que te devuelvan a tu esencia.

Quinta parte:

La despedida

En *El arte de soñar,* don Juan le dice a Carlos Castañeda: «Gastamos la mayor parte de nuestra energía sosteniendo nuestra importancia... Si pudiéramos perder parte de esa importancia, nos sucederían dos cosas extraordinarias. Una, liberaríamos la energía que se mantiene atada alimentando la idea ilusoria de nuestra grandeza; y dos, nos proveeríamos de suficiente energía para... vislumbrar la grandeza real del universo».

Por favor, vuelve a leer esta frase.

«Gastamos la mayor parte de nuestra energía sosteniendo nuestra importancia... Si pudiéramos perder parte de esa importancia, nos sucederían dos cosas extraordinarias. Una, liberaríamos la energía que se mantiene atada alimentando la idea ilusoria de nuestra grandeza; y dos, nos proveeríamos de suficiente energía para... vislumbrar la grandeza real del universo».

El minimalismo es uno de los caminos que nos permiten liberarnos de esa ilusión porque nos ayuda a reconectar con aquello que somos sin tener que sostener lo que se supone que deberíamos ser o aquello que creemos que creen que deberíamos ser.

Hace poco participé en una carrera.

En ellas hago frente a mis resistencias. Saber que voy a realizar la misma actividad durante varias horas hace que mi cerebro fabrique todo tipo de excusas.

Hubo un momento alrededor del kilómetro seis en el que empezó a llover con fuerza y me planteé abandonar. Entonces, a lo lejos, vi un grupo de voluntarios y voluntarias que no solo no se habían rendido, sino que gritaban más fuerte. Me animaban y ni siquiera me conocían de nada. Creían en mí y en que lo conseguiría a pesar de la lluvia. Creían que la persona que iba delante podía y la persona que iba detrás también.

En el fondo, en una carrera, a menos que seas deportista de élite, no corres contra personas, corres con personas.

Con esto quiero decirte que creo en ti, sean cuales sean las circunstancias. Puede que tengas momentos de calma o desafíos. Si empiezas el camino hacia tu esencia minimalista, es muy posible que aparezcan excusas y puede que incluso llegue la lluvia, pero, entonces, surgiré con más fuerza.

Creo en ti. De verdad, creo en ti.

Te agradezco enormemente que hayas llegado hasta aquí. Confío en que una vida más sencilla te reconectará con la felicidad que reside en tu interior.

La inspiración para este libro llegó durante los veintiún días de silencio, en las conversaciones con Raúl y en los aprendizajes para deshacerme de aquello que no me aportaba valor y de priorizar la conexión con mi esencia. Al salir de ese proceso, escribí un texto que quiero usar como cierre.

> Palabras son justo lo que quiero compartir, pero esas mismas agrupaciones de letras son las que han perdido sentido. Todo se ha vuelto más sencillo, pero más consciente al mismo tiempo, más vacío, pero más completo.
>
> Este proceso me ha cambiado la forma de ver la vida porque me ha llevado a un lugar en mi interior donde nunca había estado y del que no quiero alejarme. Después de perder el control para entregarme a mis miedos más profundos y de deshacerme en lágrimas, para encontrar la risa del alma.

Después de veintiún días de silencio y de ayuno, ahora busco el equilibrio entre estar sola y relacionarme con otras personas.

Descubrí que no necesito nada para ser feliz, que una persona no es más importante que un árbol, que es posible encontrar la paz mental, que en nosotros duerme una percepción ampliada que espera ser descubierta, que detrás de las emociones está la mente y detrás de la intuición está nuestra esencia. Que por distintos que seamos, somos iguales.

He conectado con los sueños, hablado con los árboles, visto las vibraciones de la música, sentido mi energía y conectado con la vida...

Soy capaz de amar incondicionalmente, apreciar la belleza de los detalles y ser feliz.

No, esa paz y claridad no se mantienen de forma constante en mi caminar, pero el recuerdo de su existencia es el que guía cada paso que doy.

Confío en que estas rutas te inspiren de alguna forma para conectar con tu propia esencia minimalista.

Respiro.

Respira.

No eres lo que tienes, no eres lo que haces, eres lo que eres.

Infinitas gracias por compartir este camino conmigo.

Tienes un regalo esperándote en www.sencillezplena.com/esencia

Bibliografía citada y recomendada

Bowen, Will, *Un mundo sin quejas: cómo dejar de quejarse y comenzar a disfrutar de la vida,* Barcelona, Grijalbo, 2008.

Brown, Michael, *El proceso de la presencia: Un nuevo paradigma de la salud,* Barcelona, Obelisco, 2008.

Cameron, Julia, *El camino del artista,* Barcelona, Aguilar, 2011.

Chopra, Deepak, *Las siete leyes espirituales del éxito,* Madrid, Edaf, 2013.

Covey, Stephen R., *Los 7 hábitos de la gente altamente efectiva,* Barcelona, Planeta, 2016.

Espinosa, Albert, *El mundo amarillo: Si crees en los sueños, ellos se crearán,* Barcelona, Debolsillo, 2009.

Fernández, Sergio, *Vivir con abundancia: Por qué algunas personas consiguen lo que se proponen y otras no,* Barcelona, Plataforma, 2015.

Ferriss, Timothy, *La semana laboral de cuatro horas,* Barcelona, RBA Libros, 2008.

Giono, Jean, *El hombre que plantaba árboles,* Barcelona, Duomo ediciones, 2009.

Krishnananda, *De la codependencia a la libertad: Cara a cara con el miedo,* Móstoles, Gulaab, 2004.

Kondo, Marie, *La magia del orden,* Barcelona, Aguilar, 2018.

Kübler-Ross, Elisabeth, *La rueda de la vida,* Barcelona, B de Bolsillo, 2006.

Macdougall, Christopher, *Nacidos para correr: La historia de una tribu oculta, un grupo de superatletas y la mayor carrera de la historia,* Barcelona, Debate, 2011.

Millburn, Joshua Fields y Nicodemus, Ryan, *Everything that remains: a memoir by the Minimalists,* Asymmetrical Press, 2014.

Ors, Pablo d', *Biografía del silencio,* Madrid, Siruela, 2012.

Osho, *El equilibrio Cuerpo-Mente,* Barcelona, Debolsillo, 2010.

Punset, Elsa, *El mundo en tus manos,* Barcelona, Destino, 2014.

Roura, Nuria, *Detox Sen para estar sanos por dentro y bellos por fuera,* Madrid, Urano, 2015.

Ruiz, Miguel, *Los cuatro acuerdos: Un libro de sabiduría tolteca,* Madrid, Urano, 2012.

Singer, Michalel A., *La liberación del alma,* Móstoles, Gaia, 2014.

Samsó, Raimon, *El código del dinero,* Rubí, Obelisco, 2010.

Sogyal, Rinpoche, *El libro tibetano de la vida y de la muerte,* Madrid, Urano, 1994.

Tolle, Eckhart, *El poder del ahora: una guía para la iluminación espiritual,* Móstoles, Gaia, 2001.

Esperamos que haya disfrutado
de *Esencia minimalista,* de Lucía Terol,
y le invitamos a visitarnos
en www.kitsunebooks.org,
donde encontrará más información
sobre nuestras publicaciones.